Große Köche kochen
für kleine Genießer

Große Köche kochen für kleine Genießer

Photographiert von

Achim Käflein

Mit Illustrationen von

Gerhard Glück

Mit Rezepten von

Henri Bach, Restaurant „Résidence", Essen

Jean Claude Bourgueil, Restaurant „Im Schiffchen", Düsseldorf

Lothar Eiermann, „Wald & Schloßhotel", Zweiflingen

Hans Haas, Restaurant „Tantris", München

Johann Lafer, „Le Val d'Or", Stromberg

Dieter Müller, „Restaurant Dieter Müller", Bergisch Gladbach

Jörg Müller, „Restaurant Jörg Müller", Westerland/Sylt

Christian Rach, Restaurant „Tafelhaus", Hamburg

Fritz Schilling, Restaurant „Käfer-Schänke", München

Hans-Paul Steiner, Restaurant „Hirschen", Sulzburg

Hans Stefan Steinheuer, „Steinheuers Restaurant", Bad Neuenahr-Heppingen

Harald Wohlfahrt, Restaurant „Schwarzwaldstube", Baiersbronn

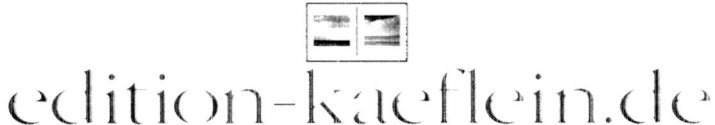

edition-kaeflein.de

Inhalt

*Sofern nicht anders angegeben sind alle Rezepte für
4 Personen berechnet.*

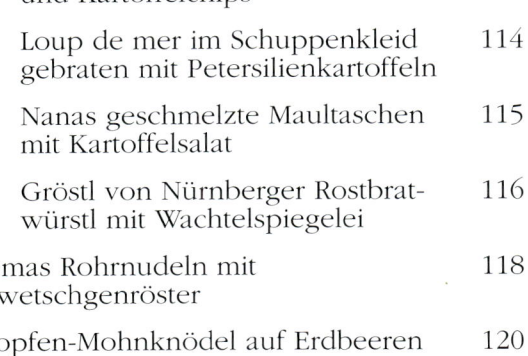

Henri Bach

Johann Lafer

Hans Stefan Steinheuer

Jörg Müller

Hans-Paul Steiner

6

Christian Rach

Hans Haas

Dieter Müller

Fritz Schilling

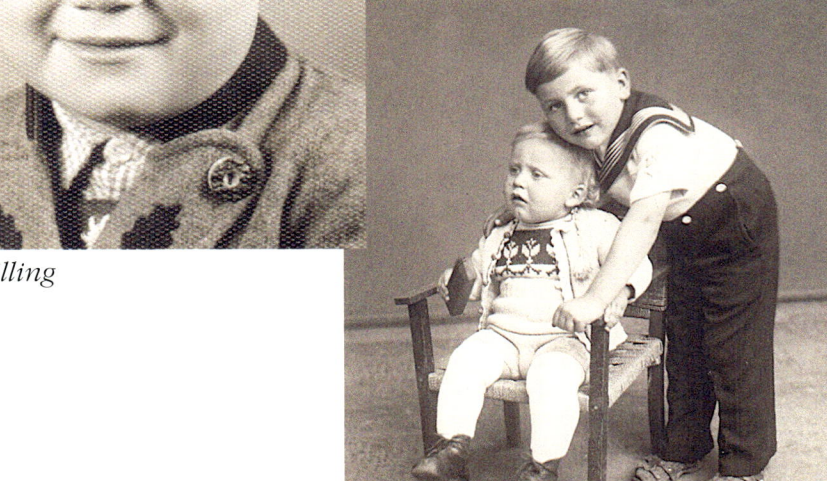

Lothar Eiermann

7

Mahlzeit!

Ein in der Arbeitswelt weit verbreiteter Mittagsgruß umschreibt, was für viele Menschen heute längst nicht mehr selbstverständlich ist. Einen definierten Zeitraum, der allein der konzentrierten, genussvollen Nahrungsaufnahme vorbehalten sein sollte. Einen Freiraum für Geist und Körper, um neue Kraft zu tanken. Eine wichtige Zeitspanne, die sich jeder von uns zugestehen sollte.

Wie hoch der Stellenwert der Mahlzeit einzustufen ist, verdeutlicht die Tatsache, dass alle wichtigen Ereignisse unseres Lebens von der Wiege bis zur Bahre traditionell mit mehr oder weniger üppigen Festessen gefeiert werden. Auch im öffentlichen Leben spielt sie eine bemerkenswerte Rolle. Kein Staatsempfang, keine Tagung, keine Konferenz, kein Geschäftsabschluss ohne ausgiebiges Dinieren.

Essen transportiert Signale, Botschaften und Emotionen. Ein gemeinsames Mahl kann vermitteln, was Sprache allein nicht zu erreichen vermag. Eine gelungene Mahlzeit fördert eine entspannte Kommunikation, nicht nur bei offiziellen Anlässen und in der Geschäftswelt, sondern auch im Kreis der Familie. Bei Tisch lassen sich Meinungen diskutieren, Probleme besprechen und freudige Anlässe feiern. Gemeinsames Essen verbindet und wirkt sich positiv auf das Sozialverhalten aus. Dies gilt insbesondere für Kinder.

Fastfood hingegen versagt in all diesen Punkten, Essen wird zur bloßen Nahrungsaufnahme reduziert.

Der Burger an der Ecke, das süße Teilchen beim Bäcker, der Döner vom Kebapstand, die Pizza vom Bringdienst, der Schokoriegel von der Tankstelle, die Chips aus dem Supermarkt oder die Currywurst von der Pommesbude, im Stehen oder Gehen zu sich genommen, sind keine wirklichen Gaumenfreuden. Sie sind schnelle Sattmacher, die aufgrund ihres hohen Zucker- und Fettanteils ein vorübergehendes Wohlbefinden auslösen, um schon bald Appetit auf mehr zu machen. Gibt man seinen Gelüsten häufiger nach, kann diese Art der Ernährung zwanghaft werden. Wissenschaftliche Studien belegen sogar Suchtgefahr. Gerade Kinder sind sehr anfällig für derartigen „Seelenbalsam". Stress, Schul- und Familienprobleme, Leistungsdruck und Versagensängste sind heute Gegebenheiten, die Kinder und Jugendliche täglich erfahren. Sie leiden psychisch und körperlich darunter. Viel zu oft trösten sie sich deshalb mit kalorienreichen Leckereien zwischendurch. Die Folgen davon sind hinlänglich bekannt. Heranwachsende werden immer dicker und damit anfälliger für Stoffwechselkrankheiten. So steigt z.B. die Anzahl der Kinder mit Diabetes mellitus bedrohlich an.

Eltern, Lehrer, Erzieher und Politiker sind gefordert, ihre häufig gleichgültige Haltung zu diesem Problem aufzugeben und für eine ausgewogene, gesunde Ernährung aktiv zu werden. Kinder lernen am schnellsten von ihrem direkten Umfeld. Eltern sind für sie Vorbild und stellen die Weichen für gutes, aber auch für schlechtes Essverhalten.

Trotzdem ist es sicher nicht korrekt, jede Art von Fastfood pauschal zu verdammen und zu verurteilen. Aber Aufklärung ist notwendig, Alternativen müssen gefunden und angeboten werden. Entscheidend ist es, bei Erwachsenen und Kindern ein positives Bewusstsein für gesunde Ernährung zu schaffen, ihnen in ansprechender Form zu vermitteln, dass gutes Essen Lebensqualität bedeutet, Spaß und Freude bereitet.

Zu einer Mahlzeit gehört ja nicht nur das eigentliche Verzehren einer Speise, sondern auch die anregende gedankliche Beschäftigung damit. Die Auswahl eines Rezeptes, die Konzeption eines Menüs, die Überlegungen der Zubereitungsart. Hinzu kommt der inspirierende Einkauf und nicht zuletzt die Zubereitung.

Kochen kann eine der produktivsten, kreativsten und sinnlichsten Tätigkeiten sein, die es gibt. Eine mit Vergnügen zubereitete Mahlzeit wird zu einem angenehmen Familienritual, das umso nachhaltiger in Erinnerung bleibt, je harmonischer der Gesamtablauf empfunden wird. Der Preis oder die Exklusivität eines Menüs spielt dabei nur eine nebensächliche Rolle. Gute Laune, fröhliche Atmosphäre und positives Feedback sind viel entscheidender!

Zwölf Großmeister ihres Faches, ausgezeichnet mit den höchsten Ehren der Gourmetwelt geben im vorliegenden Buch eine Antwort auf Fastfood, Burger und Pommes frites. Sie arbeiten mit frischen, natürlichen Produkten, erklären das Zubereiten von nachvollziehbaren Gerichten und geben nützliche Tipps für appetitliches Anrichten und Dekorieren der Speisen.

Engagiert, mit viel Freude kochen sie ihre eigenen Lieblingsrezepte und die ihrer Kinder. Gerichte aus Deutschland, Österreich, Frankreich und Tirol und Rezeptklassiker aus ihrer Kindheit, fein verbessert und zeitlos aktuell. Sie versprechen ein kulinarisches, sinnliches Erlebnis für die ganze Familie.

Nehmen Sie sich also etwas Zeit und Ruhe, laden Sie Freunde mit Kindern ein und probieren und experimentieren Sie nach Lust und Laune. Interpretieren Sie die Rezepte dabei ungezwungen und variieren Sie die Zutaten nach Verfügbarkeit und Vorlieben. Bei den Portionsangaben sollten Sie sich nicht zu sehr den Vorgaben verpflichtet fühlen. Gerade Kinder und Jugendliche haben sehr unterschiedliche Essgewohnheiten und bei manchen Gerichten wird eventuell eine größere Portion notwendig werden.

Allen beteiligten Kochkünstlern danken wir ganz herzlich für die engagierte Mithilfe bei der Verwirklichung unseres Buchprojektes. Ihre Begeisterung und Leidenschaft hat uns immer wieder angesteckt!

Während der Zusammenarbeit haben wir gelernt, dass große Köche auch große Genießer sind, dass Gutes nicht teuer und kompliziert sein muss, und dass Liebe nach wie vor durch den Magen geht.

Mahlzeit!

Achim Käflein

Henri Bach

Restaurant „Résidence", Essen

„Ein Feinschmeckerlokal ist kein Tempel, in den nur Einlass findet, wer alle Regeln kennt und beherrscht. Ob Erwachsener oder Kind, für jeden ist es irgendwann der erste Besuch in einem Sternelokal. Es soll vor allem Spaß machen. Einfach locker bleiben!" rät Henri Bach. „Und fragen! Es ist keine Schande, nicht zu wissen, welches Glas für welchen Wein oder welches Besteck für welches Gericht gedacht ist. Das Service-Personal sieht es als seine Aufgabe an, hier hilfreich zu sein." Auch Kinder und Jugendliche hätten Spaß an vornehmen Tischdekorationen und finden gute Tischmanieren gar nicht schlecht, erzählt der sympathische Küchenchef. „Meine Kinder decken zu bestimmten festlichen Anlässen sehr gerne den Tisch mit dem guten Porzellan und dem Silberbesteck und lieben es besonders, das gemeinsam zubereitete Menü bei Kerzenschein zu genießen."

Bei den Bachs treten die Kinder offensichtlich in die Fußstapfen des Vaters. Schon das gemeinsame Einkaufen in den Markthallen wird für sie zum Erlebnis. „Kinder müssen sehen, was an der Fisch- und Fleischtheke angeboten wird, um die unterschiedlichen Nahrungsmittel kennen zu lernen und um zu verstehen, wie man gute und frische Ware von schlechter, unbrauchbarer unterscheidet. Leider kennen viele Kinder heute nicht einmal ganz normales Gemüse!", weiß Bach zu berichten. Kennen sie aber erst einmal das Angebot, beginnen sie spielerisch mit Eigenkreationen, wie er bei seinem Sohn beobachtete, der mit Thunfisch-Sahnesauce-Spaghetti seine Freunde anlässlich einer nächtlichen LAN-Party begeisterte.

„Lassen Sie Kinder in der Küche experimentieren, geben Sie ihnen Freiräume und reden Sie auch beim Würzen nicht dazwischen. Das Abschmecken der selbst kreierten und gekochten Gerichte schult die Geschmacksnerven, die Kreativität und die Entscheidungsfreude. Mundet das Ergebnis dann auch noch Freunden, Geschwistern oder sogar den Eltern, ist ein schönes Erfolgserlebnis vorprogrammiert und die nächste Kochaktion wird nicht lange auf sich warten lassen." Henri Bach spricht aus Erfahrung. Einen Tipp für Eltern hat er auch parat:

„Wollen Sie Ihre kleinen Mitarbeiter ein wenig motivieren, hilft es oft, beliebte Fastfood-Klassiker wie Hamburger, Pommes frites, Nudeln oder Pizza einmal selbst herzustellen. Gegen einen Hamburger, aus magerem Fleisch gebraten und in einem knusprigen Brötchen zu Salaten serviert, spricht nämlich ebenso wenig wie gegen Pommes, die aus frischen Kartoffeln zubereitet, eine Delikatesse sein können. Auf zuckerhaltige Fertigsaucen kann man ja gerne verzichten. Falls übrigens Freunde Ihrer Kinder bei diesen Anlässen zu Besuch sein sollten, wundern Sie sich nicht wie gut diese Kinder erzogen sind. Ihre eigenen sind es auch, wenn sie irgendwo zu Gast sind!" Henri Bach sagt's mit einem Augenzwinkern und alle, die auch Kinder haben, wissen was er meint.

„Ich hab's euch schon zweimal gesagt, Montag ist bei mir Ruhetag!"

Lammkotelette mit Bohnen und Sahnekartoffeln

Lieblingsgericht meines Sohnes Mathias

Sahnekartoffeln

6 Kartoffeln in feine Scheiben geschnitten
2 Knoblauchzehen
200 ml Sahne
geriebener Käse (Emmentaler)
Salz, Pfeffer
Butter

Die Gratinform buttern und die geschnittenen Kartoffeln hineinlegen, salzen, pfeffern und mit der Sahne knapp bedecken. Die gepressten Knoblauchzehen dazugeben und abschmecken. Die Sahne sollte leicht versalzen schmecken, da die Kartoffeln beim Garen sehr viel Salz aufnehmen. Mit dem geriebenen Käse bestreuen und im Ofen bei 150° C ca. 45 Minuten backen. (Nadelprobe)

Bohnen

je 50 g breite Bohnen, Bobbybohnen, weiße
und rote Bohnenkerne (gekocht)
1 EL feine Würfel von rotem und gelben Paprika
1 Schalotte, fein gewürfelt
etwas Bohnenkraut
Butter, Salz, Pfeffer

Die grünen Bohnen in kochendem Salzwasser bissfest garen und in Eiswasser abschrecken, damit die grüne Farbe erhalten bleibt und das Garen unterbrochen wird. Die Schalottenwürfel in Butter anschwitzen, die Bohnenkerne, die grünen Bohnen und die Paprikawürfel dazugeben und mit Salz, Pfeffer und Bohnenkraut würzen.

Lammkotelette

2 Stränge Lammkotelette à ca. 400 g
Öl, Salz, Pfeffer
Rosmarin, Thymian
1 Knoblauchzehe

Die Kotelette-Stränge jeweils in vier Stücke schneiden. Mit Salz und Pfeffer würzen und in heißem Öl scharf anbraten. Die Kräuter und den Knoblauch dazugeben und im Ofen ca. 4 Minuten fertig braten.

Kartoffeln dünn schneiden

mit Sahne knapp bedecken

mit geriebenem Käse bestreuen

Stränge in vier Stücke schneiden

Klare Tomatensuppe

Lieblingsgericht meines Sohnes Sebastian

Tomatensuppe

1,5 l Geflügelbrühe
100 g Tomatenmark
50 g Möhre, in feine Würfel geschnitten
50 g Knollensellerie, in feine Würfel
geschnitten
50 g Lauch, in feine Streifen geschnitten
6 frische reife Tomaten, geviertelt
250 g Rinderhack, grob
3 Eiklar
1 Lorbeerblatt
Salz, Pfeffer, Zucker
1 Bund frisches Basilikum

Das Eiklar mit etwas Brühe zerschlagen und mit dem Tomatenmark und dem Rinderhack vermischen. Zusammen mit den Tomaten und dem Gemüse in die Brühe geben, die Kräuter und die Gewürze hinzufügen und unter ständigem Rühren aufkochen. Beim Erhitzen gerinnt das Eiklar und bindet die Trübstoffe in der Brühe. Nach dem Aufkochen die Hitze herunterschalten und die Brühe ca. 1 Stunde köcheln und auf 1 Liter reduzieren lassen. Vorsichtig durch ein Tuch passieren und abschmecken.

Als Einlage passen Suppennudeln und entkernte, abgezogene Tomaten.

Gemüse in Stücke schneiden

Brühe köcheln lassen

durch ein Tuch passieren

14

Linguine mit drei verschiedenen Saucen

Nudelteig

1 Ei, 3 Eigelb, ½ TL Olivenöl
Salz, etwas Kurkuma (Gelbwurzelpulver)
200 g Weizenmehl

Eier, Gewürze und Olivenöl verrühren, das Mehl nach und nach dazugeben und gut verkneten, bis der Teig glatt und glänzend ist. In eine Klarsichtfolie gewickelt mindestens 30 Minuten ruhen lassen. Den Teig vierteln, flachdrücken und mit der glatten Walze der Nudelmaschine bis zur gewünschten Stärke ausrollen, mit der gezackten Walze zu Nudeln schneiden. In kochendem Salzwasser bissfest kochen, aus dem Wasser nehmen und mit etwas Olivenöl beträufeln.

Pfifferlingssauce mit grünen Erbsen

20 g Pfifferlinge, 100 g grüne Erbsen
2 Schalotten, in feine Würfel geschnitten
20 g Butter, 300 ml Sahne
Saft einer Limette, Schnittlauch, Salz, Pfeffer

Die Schalottenwürfel mit den Pfifferlingen in der Butter anschwitzen. Mit Salz und Pfeffer würzen und mit der Sahne ablöschen. Etwas einkochen lassen, die Erbsen und den Schnittlauch dazugeben und mit Limettensaft abschmecken.

Räucherlachssauce

200 g Lachswürfel, 2 Scheiben Räucherlachs, in feine Streifen geschnitten

2 Tomaten enthäutet, entkernt und fein gewürfelt
50 g Passe-Pierre-Algen (auch Queller genannt, enthalten Jod, Brom, Kalium)
300 ml Sahne, Olivenöl, Mehl
Salz, Pfeffer, Limettensaft

Die Lachswürfel in Mehl wenden und in Olivenöl kurz anbraten. Mit Salz und Pfeffer würzen, den Räucherlachs und die Passe-Pierre-Algen dazugeben. Mit Sahne auffüllen und etwas reduzieren. Zum Schluss die Tomatenwürfel dazugeben und mit Limette abschmecken.

Asiatische Gemüsesauce

100 g kleine Blumenkohlröschen
je 100 g Möhre, Sellerie, Lauch, Weißkohl, Kohlrabi, Shiitake (Baumpilze), in feine Streifen geschnitten
1 Schalotte, in feine Würfel geschnitten
1 Knoblauchzehe, fein gehackt
1 Msp Ingwer, fein gehackt
125 ml dunkler Kalbsfond, Sojasauce, Maisstärke, Öl, Pfeffer, Salz, Sesamöl (geröstet), frischer Koriander

Das Gemüse in Öl anschwenken, mit Salz und Pfeffer würzen und mit dem Kalbsfond und Sojasauce ablöschen. Knoblauch und Ingwer dazugeben, mit Stärke etwas andicken und solange köcheln lassen, bis das Gemüse bissfest ist. Mit Salz, Pfeffer, etwas Sesamöl und Koriander abschmecken.

mit gezackter Walze zu Nudeln schneiden

Sauce etwas einkochen lassen

Lachswürfel anbraten

Gemüse in Öl anschwenken

Hühner-Paprikaspießchen mit Couscous und Erdnusssauce

Lieblingsgericht meines Sohnes Philip

Spießchen

*4 Hühnerbrüste ohne Haut, in große Würfel
geschnitten
je 2 rote und 2 gelbe Paprika, entkernt und
gewürfelt
1 große Zwiebel, gewürfelt
8 große und feste Rosmarinzweige
Olivenöl, Salz, Pfeffer,
Chicken-Chilisauce*

Couscous

*100 g Couscous
200 ml Geflügelbrühe
1 Schalotte, in feine Würfel geschnitten
10 g Butter
Salz, Pfeffer,
Raz El Hanout (Spezialgewürz für Couscous)*

Paprika vorbereiten

Hühnerbrüste in Stücke
schneiden

Fleisch, Paprika und Zwiebeln
aufstecken

Spießchen marinieren

Die Paprika und die Zwiebel in Olivenöl andünsten, bis sie fast gar sind und abkühlen lassen. Von den Rosmarinzweigen die Nadeln entfernen und nur die obersten dran lassen. Abwechselnd Fleisch, Paprika und Zwiebeln aufstecken und mit Pfeffer und Chicken-Chilisauce marinieren. Die Spießchen salzen und in heißem Öl in einer Pfanne anbraten. Im Ofen bei 180° C ca. 8 Minuten fertig braten.

Die Schalottenwürfel in Butter anschwitzen, das Couscous dazugeben und mit Salz, Pfeffer und Raz El Hanout würzen. Nach und nach unter ständigem Rühren die Geflügelbrühe dazugeben, bis das Couscous gar ist.

Erdnusssauce

*200 ml dunkler Geflügelfond
50 g Erdnusspaste
Chicken-Chilisauce
Salz, eventuell etwas Stärke*

Den Geflügelfond aufkochen, die Erdnusspaste dazugeben und mit Salz und Chilisauce abschmecken. Mit Stärke leicht binden.

Auflauf von Zartbitterschokolade mit Himbeeren und Vanillesauce

Schokoladenauflauf

2 Eigelb
2 Eiklar
4 EL geschmolzene Zartbitterschokolade
mit 70% Kakaoanteil (sehr wichtig!)
4 EL Zucker
Butter und Zucker für die Auflaufförmchen

Die geschmolzene Schokolade locker mit dem Eigelb verrühren. Das Eiklar mit dem Zucker steif schlagen und unter die Schokoladenmasse heben. In die gebutterten und gezuckerten Auflaufformen füllen und im Wasserbad im Ofen bei 200° C 30 Minuten backen.

200 g Himbeeren
mit etwas Puderzucker marinieren.

Vanillesauce

4 Eigelb
250 ml Milch
1 aufgeschnittene Vanilleschote
70 g Zucker

Die Milch mit der Vanilleschote und dem Zucker aufkochen und langsam zu den Eigelben geben. In einer Schüssel über einem kochenden Wasserbad so lange rühren, bis die Masse anfängt dick zu werden. Bis zur Rose rühren, d.h. bis die fertige Sauce auf einem Löffel durch Pusten so verläuft, dass sie ähnlich aussieht wie Rosenblätter.

Zutaten vorbereiten

Eier vorsichtig trennen

Eiklar steif schlagen

geschmolzene Schokolade zufügen

Schokolade und Eigelb verrühren

Eiklar unter die Schokomasse heben

Formen buttern und zuckern

Schokomasse einfüllen

Grüne Grütze

Lieblingsgericht meiner Tochter Josephine

Grütze

100 g Stachelbeeren
¼ Honigmelone
6 Kiwis
100 g grüne Trauben
3 Granny Smith Äpfel
500 ml Apfelsaft
1 Vanilleschote, Zucker nach Belieben, Maisstärke

Den Apfelsaft mit dem Zucker und dem ausgekratzten Vanillemark und der Schote aufkochen und mit der Stärke binden. 3 Kiwis schälen und mit dem abgekühlten Fond pürieren. Die Honigmelone, die restlichen Kiwis und die Äpfel in kleine Würfel schneiden und mit den abgezupften Trauben und Stachelbeeren in den Fond geben.
Kühl stellen.
Dazu passt sehr gut Vanilleeis.

Melonenteile ausstechen oder -schneiden

grüne Früchte vorbereiten

Apfelsaft aufkochen

Früchte in den Fond geben

Jean Claude Bourgueil
Restaurant „Im Schiffchen", Düsseldorf

„Das Wichtigste für ein Kind ist, dass es Zuwendung bekommt. Schon als Säugling beim Trinken an der Brust spürt es die Liebe der Mutter. Es entsteht eine Art Kommunikation, die über die Ernährung vermittelt wird. ‚Liebe geht durch den Magen' nennt das der Volksmund. Genau wie in der Literatur oder der Musik werden beim Kochen Gefühle transportiert."

Das Problem heutzutage sieht Jean Claude Bourgueil darin, dass viele Eltern eigentlich gar nicht mehr kochen. Begonnen habe dies schon zu Beginn der Industrialisierung. Heute, da meist beide Eltern berufstätig sind, ist es oft eine Zeitfrage. Kinder, so der Meisterkoch, werden somit indirekt gefühlsmäßig vernachlässigt. Auch wenn in der Schule Ernährungslehre auf dem Lehrplan stünde, würde nur die Kochtechnik, nicht aber die Emotionalität des Kochens vermittelt werden. Jean Claude Bourgueil verdeutlicht temperamentvoll seine Meinung: „Jedes Kind hat einen Geschmack, der angeboren ist, genau wie das Sehen oder das Hören. Natürlich gibt es Menschen, die besser hören können als andere. Aber wer eine Landschaft noch nie gesehen hat, der kann sie auch nicht erkennen. Auch wenn Eltern ihren Kindern bei uns im Lokal Nudeln mit Sauce bestellen, servieren wir ihnen zusätzlich eine Überraschung. So lernen die Kleinen etwas Neues kennen. Sie brauchen es ja nicht unbedingt gut zu finden, aber sie sollen sich eine eigene Meinung bilden. Diese darf durchaus falsch sein, denn sie kann ja jederzeit korrigiert werden. Es gibt natürlich auch Dinge, die sich für einen kindlichen Gaumen weniger eignen. Rotwein oder Bier spuckt es sofort wieder aus. Wenige Jahre später gibt es nicht wenige, die gar nicht genug davon bekommen können," lacht der Maître, der seine eigenen kulinarischen Vorlieben einfach beschreiben kann: "Ich mag nicht, was nicht gut ist. Ich würde lieber Melonen und anderes frisches Obst essen als schlechtes Fleisch."

In der Küche sind für ihn die Qualität der Produkte und die Klarheit der Zubereitung ausschlaggebend für das Resultat. „Ich sage immer, die Kochkunst fängt beim Spiegelei an. Es geht dabei um den Geschmack und nicht um die Show! Leider sind es oft die scheinbar einfachen Gerichte, die viele meiner Kollegen nicht mehr beherrschen. Fastfood konnte nur in diesem Umfang Fuß fassen, weil die Gastronomie versagt hat. Gäbe es hierzulande etwas Vergleichbares wie zum Beispiel die andalusischen Tapas, die eine traditionelle gute und preiswerte Ernährungsmöglichkeit für jedermann darstellen, hätten wir nicht das Problem der Fastfoodketten und der daraus resultierenden ungesunden Ernährung. Dasselbe Problem existiert auch in Frankreich. Leider ist die normale, einfache französische Küche auch viel schlechter geworden!"

„Wenn ich dich noch einmal in diesem Fastfood-Tempel erwische,
bist du deine drei Sterne los!"

Käse-Mikado mit Parmaschinken

Mikado

12 Blätter Brickteig, rechteckig geschnitten
(ca. 20 x 10 cm)
200 g Butaris, lauwarm
200 g Emmentaler Käse
12 sehr feine Scheiben Parmaschinken

Die Teigblätter auf den Tisch legen und großzügig mit Butaris bepinseln (das Fett wird beim Backen wieder heraus fließen). Anschließend mit dem geriebenen Käse bestreuen und jedes Blatt sehr eng über die breite Seite einrollen, sofort in eine Frischhaltdose geben und beschweren oder einklemmen. Die Stäbchen mindestens 24 Stunden ruhen lassen. Die große Menge Fett erfüllt zwei Funktionen. Zum einen hält es beim Wiedererstarren die Stäbchen zusammen, zum anderen bewirkt es beim Backen den Knuspereffekt. Am nächsten Tag die Stäbchen auf einem Backblech verteilen und bei 200° C Umluft backen, bis sie goldgelb sind. Auf Küchenpapier abtropfen lassen. Im lauwarmen Zustand an der Spitze mit dem Parmaschinken umrollen, die Stangen zum Mikadospiel aufbauen und sofort verzehren.

Anstelle des Schinkens kann man auch Lachs verwenden.

Mikado leicht abkühlen lassen

Spitze mit dem Parmaschinken umrollen

Mikadospiel aufbauen

26

Bratkartoffeln mit Spiegelei

Bratkartoffeln

4 Kartoffeln (Agria)
4 Eier
20 g Butaris
Meersalz

Kartoffeln rosettenförmig schichten   *unter dem Grill erwärmen*

Die Kartoffeln schälen, in 2-Euro-Münzen-Größe ausstechen und in hauchdünne Scheiben schneiden. Eine kleine Teflonpfanne mit flüssigem Butaris bepinseln und die Kartoffelscheiben in zwei Lagen rosettenförmig hinein geben. Mit etwas Butaris aufgießen und wie einen Kuchen backen, bis eine schöne goldene Farbe entsteht. Das Fett aus der Pfanne gießen und die gebackenen Kartoffeln auf Küchenpapier abtropfen lassen. Das Eiweiß vom Eigelb trennen, dabei pro Ei zwei Gefäße verwenden. Das Eiweiß in der Teflonpfanne bei niedriger Temperatur ausbacken und drei Zentimeter größer im Durchmesser als die Kartoffelrosette ausstechen. Die Kartoffeln mittig auf das Eiweiß legen, das Eigelb obenauf setzen und das Ganze kurz im Backofen oder unter dem Grill erwärmen. Die Kartoffeln mit etwas Meersalz bestreuen.

Schnee-Eier auf Vanillesauce

Schnee-Eier

4 Eiweiß
60 g Zucker
Vanillesauce
200 g Zucker

Einen breiten Topf zur Hälfte mit Wasser füllen und auf den Kochpunkt bringen, d.h. die Temperatur beträgt fast 100° C, aber es darf noch nicht sprudeln. Das Eiweiß cremig schlagen und 60 g Zucker langsam hinzufügen um die Masse zu festigen. Mit Hilfe eines Schaumlöffels und einer kleinen Palette große „Eier" formen und auf das heiße Wasser gleiten lassen. Nach etwa 3 Minuten die Schnee-Eier wenden und mit einer kleinen Kelle mit dem Wasser vorsichtig begießen. Nach weiteren 3 Minuten die Eier aus dem Wasser nehmen und auf ein trockenes Tuch geben. Die Schnee-Eier können auch einen Tag vorher hergestellt werden.
Die Vanillesauce in eine tiefe Servierplatte gießen und die Schnee-Eier obenauf geben. Aus den 200 g Zucker und etwas Wasser ein schönes blondes Karamell herstellen und mit einem Esslöffel gleichmäßig auf die Schnee-Eier verteilen.
Vor dem Verzehr unbedingt mindestens 20 Minuten abkühlen lassen!

Vanillesauce

150 ml Milch
150 ml Sahne
2 Vanillestangen
4 Eigelb
100 g Zucker
60 ml Läuterzucker (Zuckersirup)
30 ml Grand Marnier

Die Vanillestangen aufschneiden, das Mark auskratzen und zusammen mit der Milch und der Sahne aufkochen. Die Eigelbe mit dem Zucker verrühren. Die Hälfte der kochenden Flüssigkeit in die Eimasse gießen und verrühren, schnell in die restliche Milch-Sahnemischung geben und zur Rose abziehen. Ist die gewünschte Bindung erreicht, mit dem Läuterzucker und dem Grand Marnier die Bindung stoppen. Die Sauce passieren.

„Ei" in heißem Wasser ziehen lassen

Zucker und Wasser aufkochen

Karamell gleichmäßig verteilen

30

Warmer Käsekuchen-Auflauf

Auflauf

9 Eier
180 g Zucker
100 g Quark
2 Zitronen
4 ausgebutterte und gezuckerte Formen

Die Formen buttern und zuckern

Käsemasse einfüllen

gleich in den Ofen schieben

Die Eier vorsichtig trennen. Die Eigelbe mit dem Zucker aufschlagen. Den Quark und den Saft von zwei Zitronen untermischen. Das Eiweiß zu Schnee schlagen und langsam unter die Eigelb-Käse-Masse heben. In die mit Butter und Zucker vorbereiteten Formen geben und bei 180° C etwa 15 Minuten backen.
Sofort servieren!

32

Lothar Eiermann

„Wald & Schloßhotel", Zweiflingen

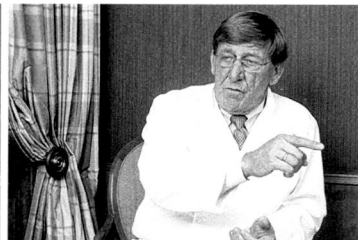

„In den Achtziger Jahren fühlte ich mich als junger Revolutionär der guten Küche. Wir dachten damals, wir würden die Deutschen zu einem Volk von Feinschmeckern machen… Jetzt bin ich schon fast ein Dinosaurier," lacht Lothar Eiermann. Es hat sich erwiesen, dass es anders gekommen ist.

Der Grandseigneur der deutschen Köche hat in all den Jahren sein Bestes gegeben und vielen Menschen den Zugang zur großen Küche ermöglicht. Dennoch meint er bescheiden: „Kochen ist eigentlich so einfach und geht meist wie von selbst von der Hand." Große Worte und übertriebene Gesten liegen ihm nicht. „365 Tage im Jahr für die Gäste hier zu sein, fünf Jahre keinen Urlaub zu machen, das ist mein Leben. Kochen ist meine Berufung." Beruf und Familie auf einen Nenner zu bekommen war nie einfach. Deshalb ist für Familie Eiermann das tägliche Mittagessen eine der wichtigsten Säulen des gemeinsamen Zusammenlebens. Im Gegensatz zu früher, als es hieß, beim Essen solle man den Mund halten, ist diese Mahlzeit zu einem zentralen Treffpunkt geworden, ein Forum für alle wichtigen Dinge, die besprochen werden sollen. Kommunikation, Ambiente und Atmosphäre hält Lothar Eiermann auch in seinem Gourmetrestaurant für die wichtigsten Erfolgsfaktoren. „Die Menschen haben ein Urbedürfnis nach gewissen Wohlfühlumgebungen. Selbst der 17jährige Punk mit Irokesenschnitt und aufgeschlitzten Jeans spürt das und man kann nach zwei Stunden beobachten,

wie auch für ihn das Menü anlässlich einer Familienfeier zum Erlebnis wird." Gelassen sieht der Pionier der deutschen Spitzengastronomie deshalb auch die Entwicklung des Fastfood. Auf Dauer wird sich in dieser Hinsicht, wie in allen anderen Bereichen auch, nur eines durchsetzen: Qualität. Um diese zu erkennen, müssen Eltern ein Bewusstsein bei ihren Kindern schaffen, ihnen Respekt vor den Produkten der Natur vermitteln und sie für natürliche und gesunde Nahrungsmittel sensibilisieren.

„Man muss nicht unbedingt Feinschmecker werden, aber es bringt schon einiges an Lebensqualität, wenn eine gewisse Energie in den Bereich der Ernährung investiert wird. Vorleben ist hierbei die beste Erziehung, denn was Kinder im Elternhaus mitbekommen brauchen sie nicht später als Erwachsene zu lernen." Etwa in speziellen Seminaren für Führungskräfte und Manager, wie sie zum Teil auch im Schlosshotel abgehalten werden. Im fortgeschrittenen Alter zwischen dreißig und vierzig Jahren erhalten hier Erfolgreiche Nachhilfe in allgemeinen Anstandsregeln und Tischmanieren. Zusätzlich zu den allgemeinen Umgangsformen wird auch das fachgerechte Verspeisen von Artischocken, Austern, Hummern und anderen Meeresfrüchten erklärt. „Sicherlich ist es kein Fauxpas nicht zu wissen, wie man einen Tiefseekrebs zerteilt, aber die Grundregeln guten Benehmens sollten Kinder und Jugendliche – Erwachsene natürlich auch – schon beherrschen." Einen Tipp für den Restaurantbesuch mit Kindern legt Lothar Eiermann allen Eltern ans Herz: „Lassen Sie die Kinder nach dem Essen einen Blick in die Profi-Küche werfen. Sie bekommen so einen realistischen Eindruck des großen Aufwandes hinter den Kulissen. Solch ein Gesamterlebnis bleibt in Erinnerung!"

„Für mich bitte Huîtres Farcies und einen Viertel Muscadet,
oder haben Sie einen leichten roten Bordeaux?"

Kalbsleber mit Wirsing

Kalbsleber

600 g Kalbsleber
30 g Mehl
200 ml Kalbsjus
Salz, Pfeffer
Butterschmalz

Die Kalbsleber von allen Häuten und Adern befreien. In vier gleich große Scheiben à 150 g schneiden und in Mehl wenden. Etwas Butterschmalz in einer Pfanne erhitzen und die mehlierten Leberscheiben bei milder Hitze von jeder Seite ca. 4 Minuten goldbraun braten. Die Leber nun mit Salz und Pfeffer würzen und etwas ziehen lassen.

Wirsing

400 g Wirsing, 300 ml Sahne
1 EL geschlagene Sahne
Salz, Pfeffer und Muskat

Die äußeren, dunklen Blätter des Wirsings entfernen, den Kohl waschen und die lindgrünen Blätter in kochendem Salzwasser blanchieren. In Eiswasser abkühlen und sodann auf ein Sieb geben. Das Wasser ausdrücken und den Kohl mit einem Messer fein hacken. Die Sahne in einem Topf auf die Hälfte einkochen lassen und den Wirsing dazugeben. Beides zusammen erhitzen und mit Salz, Pfeffer und Muskat abschmecken. Den Wirsing nun warm stellen.

Zwiebelringe

2 Zwiebeln
100 g Mehl, Öl zum Frittieren

Die Zwiebeln pellen und in Ringe schneiden. Die Zwiebelringe mit Mehl bestäuben und im erhitzten Öl goldgelb ausbacken. Auf einem Sieb abtropfen lassen und leicht mit Salz würzen. Das Wirsinggemüse in der Tellermitte anrichten. Die Leberscheiben darauf legen, den erhitzten Kalbsfond außen herum angießen und die gebackenen Zwiebelringe obenauf legen. Heiß servieren.

Leber in Mehl wenden   *bei milder Hitze braten*   *mit Butterschmalz begießen*   *Wirsing mit Sahne verfeinern*

Piccata Milanese mit Spaghetti

Lieblingsgericht meiner Frau Carla

Piccatta

600 g Kalbfleisch aus der Oberschale
2 Eier
100 g geriebener Parmesan
Mehl
Öl zum Braten

Das Fleisch in acht gleich große Medaillons schneiden, plattieren und mit Salz und Pfeffer würzen, dann beidseitig in wenig Mehl wenden. Die Eier verquirlen und mit dem Käse mischen. Die mehlierten Kalbsmedaillons in der Parmesan-Ei-Mischung wenden und in heißem Öl vorsichtig ca. vier Minuten von jeder Seite braten. Das Fleisch danach aus der Pfanne nehmen und warm stellen.

Die Strauchtomaten waschen, den Strunk herausschneiden und vierteln. Die Schalotten pellen und in Würfel schneiden. Mit etwas Olivenöl in einem Topf glasig anschwitzen. Das Tomatenmark dazugeben und ebenfalls anschwitzen. Die Tomatenviertel und den Geflügelfond dazugeben und alles aufkochen. Die Tomaten verkochen lassen, durch ein Sieb passieren und mit Salz, Pfeffer und Zucker abschmecken.

Tomatensauce

10 vollreife Strauchtomaten
2 Schalotten
200 ml Geflügelfond
3 EL Tomatenmark
Salz, Pfeffer, Zucker
Basilikum für die Garnitur
Olivenöl

Spaghetti

600 g Spaghetti

Die Spaghetti in gut gesalzenem Wasser al dente kochen.
Die fertigen Spaghetti auf Teller anrichten und mit der Tomatensauce begießen. Das Kalbfleisch daneben legen und mit Basilikumstreifen garnieren.

Medaillons würzen

in der Eier- Käsemischung wenden

in heißem Öl vorsichtig braten

Spaghetti mit Tomatensauce anrichten

Gebratene Blutwurst mit Kartoffelbrei und Apfelmus

Apfelmus

4 Äpfel „Golden Delicious"
150 ml Weißwein
70 g Zucker, 70 g Butter

Die Äpfel schälen, entkernen und in kleine Stücke schneiden. Mit Weißwein und Zucker in einen Topf geben und solange kochen lassen, bis sämtliche Flüssigkeit verdampft ist. Das Apfelpüree nun mit 50 g Butter und einer Prise Salz in einem Mixer fein pürieren. Die restliche Butter in einem Topf hellbraun rösten und zu dem Apfelpüree geben. Nochmals mixen und das Püree kalt stellen.

Kartoffelbrei

500 g mehlig kochende Kartoffeln
200 ml Milch, 100 g Butter

Die Kartoffeln schälen, in Stücke schneiden, in gut gesalzenem Wasser aufkochen und ca. 15 Minuten leicht köcheln lassen. Wenn die Kartoffeln gar sind, abgießen und auf der noch warmen Herdplatte ausdämpfen lassen. Die Milch aufkochen lassen, die Kartoffeln durch eine Kartoffelpresse drücken und mit der heißen Milch und 100 g Butter langsam verrühren. Mit Salz und Muskat abschmecken und warm stellen.

Blutwurst

480 g Blutwurst
Butterschmalz, Salz, Muskat

Die Blutwurst in 8 gleich große Scheiben schneiden, in Mehl wenden und im erhitzten Butterschmalz langsam knusprig braten.
Den heißen Kartoffelbrei auf Tellern anrichten und die Blutwurst darauf legen. Das gut gekühlte Apfelmus dazugeben und servieren.

Blutwurst in Scheiben schneiden

langsam knusprig braten

Wurstscheiben in Mehl wenden

Poulardenkeulen in Rotwein geschmort mit Rahmnudeln

Lieblingsgericht meiner Tochter Aline Anna

Poulardenkeulen

4 Poulardenkeulen
2 Karotten
200 g Sellerie
16 Perlzwiebeln
2 Knoblauchzehen
100 g Butter
1 l Rotwein
300 ml Portwein
2 El Mehl
2 El Tomatenmark, Öl

Die Poulardenkeulen am Vortag mit dem gewaschenen und geschnittenen Gemüse im Rot- und Portwein einlegen. Über Nacht kalt stellen. Am nächsten Tag die Poulardenkeulen und das Gemüse aus dem Wein nehmen und trocken tupfen. Den Wein für die Sauce aufheben. Die Poulardenkeulen mit Salz und Pfeffer würzen. Öl in einem Topf erhitzen und das Fleisch darin von allen Seiten braun anbraten. Das Gemüse dazu geben und zusammen braten. Nun das Tomatenmark hinzufügen und gewissenhaft verrühren, 5 Minuten lang anschwitzen und sodann mit Mehl bestäuben. Mit dem Wein aufgießen und langsam aufkochen lassen. Den aufsteigenden Schaum abschöpfen und die Poulardenkeulen langsam weich schmoren. Das dauert etwa eine Stunde. Danach das Gemüse und das Fleisch aus dem Schmorfond nehmen und warm halten. Die Sauce sämig einkochen lassen und mit Salz und Pfeffer abschmecken. Die Sauce auf das Fleisch passieren.

1. Fleisch aus dem Schmorfond nehmen
2. Sauce auf das Fleisch passieren
3. Nudeln mit der Sahne mischen

Rahmnudeln

600 g breite Bandnudeln, 400 ml Sahne
1 EL geschlagene Sahne
2 Scheiben Toastbrot ohne Rinde
200 g geräucherter Speck, in Streifen geschnitten
Salz, Pfeffer, Muskat, fein geschnittener Schnittlauch

Die Bandnudeln in gesalzenem Wasser al dente kochen und sodann auf ein Sieb geben. Die Sahne in einem Topf auf die Hälfte einkochen lassen. Die Nudeln dazugeben und die geschlagene Sahne unterheben. Mit Salz, Pfeffer und Muskat abschmecken. Die Butter in einer Pfanne aufschäumen lassen. Das Toastbrot in feine Streifen schneiden und in der Butter goldbraun rösten. Danach auf einem Sieb abtropfen lassen. Den Speck in wenig Öl ausbraten und zu den Croutons geben.

Die geschmorten Poulardenkeulen mit dem Gemüse auf Tellern anrichten. Die Nudeln daneben legen und mit dem Schnittlauch bestreuen. Die Croutons und den Speck auf den Poulardenkeulen verteilen und mit der Sauce umgießen.

Schweineschnitzel mit Bohnen und Bratkartoffeln

Schnitzel

480 g Schweinerücken
60 g Butter
2 Eier
200 g Mehl
ca. 200 g Paniermehl
Salz, Pfeffer, Muskat
Butterschmalz

Den Schweinerücken in 8 gleich große Schnitzel à 60 g schneiden. Zwischen zwei Folien hauchdünn klopfen und mit Salz und Pfeffer würzen. Die Schnitzel zuerst in Mehl, dann in verquirltem Ei und danach in Paniermehl wenden. Butterschmalz in einer entsprechend großen Pfanne erhitzen und die panierten Schnitzel goldbraun und knusprig braten.

Bohnen

400 g Keniabohnen
1 Schalotte , Butter

Für das Bohnengemüse die Bohnen waschen, die Enden abschneiden und in stark gesalzenem Wasser weich kochen. Sie sollten noch einen leichten Biss haben. Die Bohnen in Eiswasser abkühlen und danach auf einem Sieb abtropfen lassen. Etwas Butter in einem Topf aufschäumen lassen, eine Schalotte in feine Würfel schneiden und in der Butter anschwitzen. Die Bohnen dazugeben, mit Salz, Pfeffer und Muskat abschmecken.

Bratkartoffeln

400 g gekochte Kartoffeln vom Vortag
50 g geräucherter Speck
1 Schalotte
1 EL geschnittene Blattpetersilie
Butterschmalz

Die Kartoffeln in feine Scheiben schneiden und in erhitztem Butterschmalz braten. Wenn die Bratkartoffeln schön knusprig und braun sind, den in Streifen geschnittenen geräucherten Speck zu den Kartoffeln geben. Die Schalotte würfeln und ebenfalls dazugeben. Die Bratkartoffeln mit Salz und Pfeffer würzen und die geschnittene Blattpetersilie unterheben.
Die Bohnen, die Bratkartoffeln und die Schnitzel auf Tellern anrichten und servieren.

Schnitzel panieren

Bohnen und Schalotte kurz schwenken

Schnitzel goldbraun braten

Schnitzel wenden

Rahmgeschnetzeltes mit Rösti

Lieblingsgericht meiner Tochter Alexa Julie

Geschnetzeltes

600 g Schweinefilet
200 g Pfifferlinge
500 ml Kalbsjus
200 ml Sahne
50 g Butter, Salz, Pfeffer

Das Fleisch in Streifen schneiden, würzen und in einer heißen Pfanne kurz scharf anbraten. Das Fleisch aus der Pfanne nehmen und in ein Sieb geben. Pfifferlinge in derselben Pfanne in etwas Butter anbraten und ebenfalls würzen. Nun die Kalbsjus, den aufgefangenen Fleischsaft und die Sahne zugießen und zusammen einkochen lassen. Wenn die Sauce schön sämig ist, das Fleisch dazugeben und wieder erhitzen, aber nicht mehr kochen lassen. Alles nochmals abschmecken und sodann warm stellen.

Rösti

400 g Kartoffeln
Öl
Salz
Pfeffer
Muskat
Schnittlauch

In der Zwischenzeit die Kartoffeln waschen, schälen und mit einer Küchenreibe fein reiben. Die Masse mit Salz, Pfeffer und Muskat würzen und in einem Sieb kräftig ausdrücken. Öl in einer Pfanne erhitzen, die Kartoffelmasse zu flachen Plätzchen formen und in dem heißen Fett langsam knusprig ausbacken.
Das Geschnetzelte auf Teller verteilen und mit frisch geschnittenem Schnittlauch bestreuen. Die Rösti dazulegen und servieren.

| *Fleisch scharf anbraten* | *Sahne zugießen und einkochen* | *flache Plätzchen in Öl ausbraten* | *behutsam wenden* |

Dampfnudeln mit Vanillesauce

Dampfnudeln

450 g Mehl
150 ml Milch
5 g Salz
25 g Zucker
40 g Hefe
100 g Butter
2 Eier, 2 Eigelb

Milch erwärmen, Hefe darin auflösen, 120 g Mehl dazugeben. Schüssel mit einem Tuch bedecken, und den Teig an einem warmen Ort gehen lassen, bis sich sein Volumen verdoppelt hat. Das Tuch darf den Teig nicht berühren. Das restliche Mehl, Salz, Zucker, Eier und Eigelb mit dem Vorteig verrühren, bis der Teig sich zusammenbindet. Dann die Butter dazugeben und schlagen, bis sich Blasen bilden. Die Schüssel wieder abdecken und den Teig gehen lassen. Eine ofenfeste Form buttern. Den Teig in 80 g schwere Stücke abwiegen und zu Kugeln rollen. Dann in die Form legen und mit einer gebutterten Alufolie abdecken. Erneut an einem warmen Ort gehen lassen. Den Boden der Form mit Milch bedecken und circa 40 g in Würfel geschnittene Butter zwischen die Kugeln legen. Die Milch in die Form gießen und auf der Herdplatte kurz aufkochen. Zugedeckt im vorgeheizten Ofen bei 200° C ca. 40 Minuten backen.

Vanillesauce

500 ml Milch
6 Eigelb
100 g Zucker
1 Vanilleschote

Milch, 50 g Zucker und die Vanilleschote kochen. Eigelb mit dem restlichen Zucker verrühren, mit der heißen Milch begießen und schaumig rühren. Nochmals erhitzen, aber nicht mehr kochen lassen. Die Milch passieren und kalt stellen. Ab und zu darin rühren.

Milch und Hefe auflösen   *Mehl dazugeben*   *Zutaten mit Vorteig verrühren*   *Teig kräftig schlagen*

der Teig ist aufgegangen   *in Portionen aufteilen…*   *sie sollten gleich groß sein*   *zu Kugeln rollen*

Hans Haas

Restaurant „Tantris", München

„Nach dem Heumachen durften wir Kinder in den Wald zum Beerensammeln gehen. Noch heute habe ich den unvergleichbaren Geschmack der kleinen Walderdbeeren auf der Zunge!"

Hans Haas gerät sichtlich ins Schwärmen, wenn er von seiner Kindheit in Tirol erzählt. „Wir sind mit dem Vater in die Pilze gegangen und haben Pfifferlinge gesucht, in unserem Garten ernteten wir frische Salate und Gemüse, im Stall hatten wir eigene Schweine. Es war für uns normal, dass wir beim Schlachten zusahen und mithalfen." Das Größte war aber jedes Jahr die Marillenernte im Sommer, erzählt der Küchenchef des Tantris. „Alle packten mit an und abends gab's frischgekochte Wachauer Aprikosenmarmelade mit Palatschinken. Dieses Gericht ließ die Kinderherzen höher schlagen."

Die Verbundenheit zu seiner Tiroler Heimat ist ungebrochen und man merkt Hans Haas die Freude an, die ihm das Kochen seiner Lieblingsgerichte bereitet. Große Pfannen und gewaltige Töpfe werden gerichtet, Berge von Zutaten vorbereitet. Riesige, viel zu üppige Portionen für den Bedarf unserer Photo-Serie! Aber das ist dem erfahrenen Küchenprofi und Kochbuchautor natürlich auch bewusst. „Meine Buaben kriegen heut alles, was wir photographieren, zu essen, damit sie lernen, wie gut man bei mir zuhause gekocht hat." Obwohl sie eigentlich Pause hat steht die gesamte Küchencrew um den Herd und beobachtet ihren Chef, wie er in Windesei-

le Leberknödelsuppe, Pflanzerlbrot, Breznsuppe und all seine anderen wunderbaren Leibspeisen zaubert. Niemand kann sich seiner Begeisterung entziehen, alle probieren direkt aus der Pfanne. „Ist das nicht sauguat Leute?" ruft Hans Haas und lockt damit auch noch die Service-Damen an, die sich ebenfalls nicht lange bitten lassen.

„Es ist bei Erwachsenen genau wie bei Kindern, man muss sie alles probieren lassen. Nur so lernen sie Neues kennen und schätzen. Kinder reagieren übrigens sehr intensiv auf eine ansprechende optische Darbietung", erklärt Hans Haas. Dies bezieht er nicht nur auf fertig angerichtete Gerichte, sondern auch auf Situationen beim Einkauf. „Ein schöner Markt mit vielfältigem, frischem und kunstvoll dargebotenem Angebot ist ein sinnliches Erlebnis für Groß und Klein." Eltern empfiehlt er, mit ihren Kindern in die Natur zu gehen, ihnen zu zeigen, wo einzelne Produkte – zum Beispiel Kräuter – wachsen, wie sie aussehen und wie sie riechen. So könne man spielerisch ihr Interesse an gesunder Ernährung wecken. „Ein Kind, das mit seinen Eltern im Wald Steinpilze findet, möchte wissen, wie man sie zubereitet und wie sie mit ein paar Zwiebeln leicht in Butter gedünstet schmecken werden."

Hans Haas ist nicht nur ein herausragender Koch, er hat auch das Talent, ebenso bildhaft wie appetitanregend zu erzählen, dass seinen Zuhörern unweigerlich das Wasser im Mund zusammenläuft!

„Können wir nicht was anderes essen? Herta hat wieder so einen
ahnungsvollen Blick!"

Leberknödelsuppe

Knödel

500 g Kalbs- oder Schweineleber
100 g etwas fetteres Kalbfleisch
250 g Zwiebeln
½ Zehe Knoblauch
1 Semmel, in Milch eingeweicht
½ TL Majoran (wenn möglich frisch)
2 EL Petersilie gehackt
½ EL Senf
2 Eier
100 g Toastbrotwürfel

Die Brotwürfel in etwas Öl und Butter goldbraun rösten, aus der Pfanne nehmen, abtropfen und auf einem Sieb auskühlen lassen. Die Zwiebeln in Butter anschwitzen, den Knoblauch dazugeben und mit Salz und Pfeffer würzen. Wenn sie glasig sind, vom Herd nehmen und auskühlen lassen. Die Leber und das Fleisch in Stücke schneiden und mit Petersilie, Majoran, Zwiebeln und der ausgedrückten Semmel vermengen. Das Ganze durch die feine Scheibe vom Fleischwolf drehen, in eine Schüssel geben, die Eier sowie die gerösteten Brotwürfel darunter mischen, das Ganze nochmals gut abschmecken und 30 Minuten im Kühlschrank stehen lassen. Danach mit einem Löffel Nockerln abstechen und in kochendes Salzwasser geben, kurz aufkochen und etwa 10 Minuten ziehen lassen. Dann in einer guten Rinderbouillon mit etwas Schnittlauch servieren.

mit einem Löffel Nockerln abstechen

Nockerln formen

in Salzwasser ziehen lassen

Pflanzerlbrot mit Radieserl

Pflanzerlbrot

250 g Kalbfleischwürfel
100 g Rindfleischwürfel
200 g Schweinefleischwürfel
200 g Zwiebel
1 kleine Knoblauchzehe
40 g Petersilie, etwas Majoran
1 ½ EL Butter
1 Semmel, eingeweicht in Milch
1 EL Paprikapulver edelsüß
1 ½ EL scharfer Senf
Salz, Pfeffer
2 Eier
etwa 8 Scheiben Wurzelbrot oder
Ciabatta 1 cm dick
Öl und Butter zum Anbraten

Die Zwiebeln fein schneiden, in Butter andünsten und auskühlen lassen. Alle Zutaten bis auf die Eier vermischen, gut würzen und durch den Fleischwolf mit feiner Scheibe drehen. Dann die Eier zugeben, nochmals gut abschmecken und den Fleischteig dick auf die Brotscheiben streichen. In einer Pfanne Öl und Butter erhitzen, die Brote mit der Fleischseite nach unten hinein geben und gut Farbe nehmen lassen, dann umdrehen und die Brotseite kross backen.

Radieserl

10 Radieschen
Essig, Öl
Salz
Schnittlauch, in Röllchen geschnitten

Die Radieschen fein würfeln und mit wenig Salz, Essig und Öl marinieren.
Auf die Brote geben und mit etwas Schnittlauch bestreuen.

Fleischteig dick auf die Brotscheiben streichen   *Brote mit der Fleischseite nach unten in die Pfanne geben*   *umdrehen und kross backen*

Brezn-Suppe

Suppe

4 weiße Brezn vom Vortag
500 ml bis 750 ml gute Rinderbouillon
1 gute Hand voll Graukäse
2 Zwiebeln
Öl und Butter zum Rösten
Salz und Pfeffer
1 EL geschnittener Schnittlauch

Die Brezn in ca. 2 cm große Stücke schneiden, in eine Auflaufform geben, mit der warmen Bouillon übergießen und etwas ziehen lassen. Den Graukäse darüber verteilen, die Form in den Ofen schieben und backen, bis der Käse zerlaufen und die Suppe heiß ist. In der Zwischenzeit die fein geschnittenen Zwiebeln in etwas Öl und Butter goldbraun rösten, auf die heiße Suppe geben und mit Schnittlauch bestreuen.

Das Gericht heißt Brezn-Suppe, ist aber nicht als flüssige Suppe zu verstehen, denn sie ist zum Schluss ganz dickflüssig.

Tiroler Graukäse

Sie können Graukäse auch selbst zubereiten: Besorgen Sie sich trockenen Topfen (eine Art Frischkäse) aus einer Käserei oder einem Käsegeschäft. Den Topfen in eine Schüssel geben, mit Salz und Pfeffer gut würzen, mit einem Tuch abdecken und etwa 5 Tage an einem warmen Ort in der Küche stehen lassen. Wichtig ist, jeden Tag den Topfen mit einer Gabel durchzurühren, damit er gleichmäßig reift.

Brezn in Stücke schneiden

Rinderbouillon erwärmen

Brezn mit der Bouillon übergießen

Zwiebeln goldbraun rösten

Wildschonauer Graukäskrapfen

Teig

2 Kaffeetassen Roggenmehl
2 Kaffeetassen Weizenmehl
1 kräftige Prise Salz
ca. 200 ml lauwarme Milch

Beide Mehlsorten mischen, salzen und mit Milch anrühren. Zu einem glatten Teig verkneten, zu einer Rolle formen und in Klarsichtfolie eingewickelt etwa 1 Stunde ruhen lassen.

Füllung

etwa 200 g Kartoffeln
etwa 400 g Tiroler Graukäse
50 g weiche Butter
1-2 Bund Schnittlauch, in Röllchen
geschnitten
Salz, weißer Pfeffer aus der Mühle
Mehl zum Ausrollen
Milch zum Bestreichen
Butterschmalz zum Frittieren

Die Kartoffeln in der Schale kochen, noch heiß schälen und leicht abgekühlt durch eine Presse drücken. Den Graukäse mit der Butter sorgfältig untermischen, Schnittlauch zugeben und würzen. Die Teigrolle mit einem scharfen Messer in dünne Scheiben schneiden, diese auf der schwach bemehlten Arbeitsfläche dünn ausrollen und jeweils etwas von der Käsemasse in die Mitte geben. Die Teigränder mit Milch bestreichen, zu Krapfen zusammenfalten und dabei die Ränder sorgfältig verschließen. Butterschmalz in einem Topf auf 175° C – 180° C erhitzen, die Graukäsekrapfen portionsweise darin goldbraun ausbacken, auf Küchenpapier gut abtropfen lassen und heiß servieren.

Graukäse und Kartoffeln mischen

Käsemasse auf die Teigscheiben geben

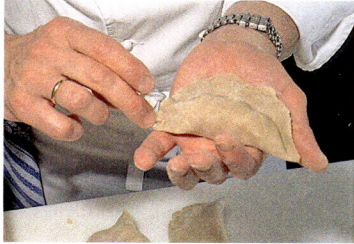

Teigränder sorgfältig verschließen

in Butterschmalz frittieren

Hackfleischauflauf

Auflauf

300 g Rindfleisch
100 g Kalbfleisch
300 g Schweinefleisch
300 g Zwiebeln fein gewürfelt
1 kleine Zehe Knoblauch
je 2 rote und gelbe Paprika
je 2 EL Öl und Butter
Salz, Pfeffer
Saft einer halben Zitrone
1 kg Dosentomaten (Pelatti)
1 kleine Kartoffel
Kartoffelpüree nach Belieben

Das Fleisch in grobe Stücke schneiden und durch die kleine Scheibe vom Fleischwolf drehen. Die Zwiebeln und Paprika in kleine Würfel schneiden, in der heißen Öl-Buttermischung andünsten, bis sie glasig sind. Das Fleisch, die passierten Dosentomaten und die sehr fein geriebene Kartoffel mit Zitronensaft dazugeben, vermengen und würzen. Etwa 30 Minuten köcheln lassen, bis es eine sämige Masse wird. Die Fleischmasse in eine Auflaufform geben, den nicht zu festen Kartoffelbrei darüber verteilen und für ca. 25 Minuten bei 175° C – 180° C im Ofen backen. Man kann das Gericht auch schon am Vortag zubereiten und am nächsten Tag einfach in den Ofen schieben. Die Backzeit ist dann etwa 10 Minuten länger.

Auflauf würzen

nochmals abschmecken

Fleischmasse in die Form geben

Palatschinken und
Wachauer Marillenmarmelade

Palatschinken

2 Kaffeetassen Mehl
2 Kaffeetassen Milch
3 ganze Eier
1 Prise Salz
Öl und Butter
Marillenmarmelade nach Belieben
Staubzucker (Puderzucker)

Eier mit Milch und Mehl zu einem flüssigen Teig
verrühren und durch ein feines Sieb passieren,
um kleine Klumpen zu entfernen. In einer Pfanne wenig Öl und Butter erhitzen und die Palatschinken nacheinander ausbacken, mit Marillenmarmelade füllen, aufrollen und mit Staubzucker bestreuen.

gefüllten Palatschinken
vorsichtig einrollen

Johann Lafer

„Le Val d´Or", Stromberg

„Das Lieblingsgericht meiner Tochter? Sushi!" Ein Gericht, dass Johann Lafer als Kind nicht kannte, von dem er auch lange Zeit später nicht wusste, was er darunter verstehen sollte.

Er erzählt von der Reise nach Kuala Lumpur, wie seine Kinder im Restaurant mit großem Vergnügen diese asiatische Fischspezialität bestellten und mit viel Spaß verspeisten. Der weitgereiste Meisterkoch schildert diese Begebenheit nicht ohne Stolz. Belegt sie doch seine These, die er mit einem Zitat von Wilhelm Busch verdeutlicht: „Sag mir was Du isst, ich sag Dir wer Du bist."

„Geschmack ist nicht angeboren. Man muss im Leben immer wieder etwas Neues essen und probieren, um einen Geschmack zu erobern. Wenn Eltern selbst aufgeschlossen und experimentierfreudig sind, lernen ihre Kinder einen großen Geschmackshorizont kennen und können sich selbst entscheiden, welches ihre Favoriten sind. Man kann gar nicht früh genug damit beginnen, diese Neugier zu wecken," fügt Johann Lafer hinzu. „Kinder achten sehr auf ihre Umgebung und nehmen mit Sicherheit früher oder später das Essverhalten ihrer Eltern an. Es ist deshalb sehr wichtig, dass man Kindern neue Dinge, vielleicht sogar mit etwas Nachdruck, offeriert, damit sie diese Geschmackserfahrungen erleben." Man müsse Kindern auch vermitteln, dass Kochen nicht lästige Pflichterfüllung sei, sondern dass es Spaß mache, betont Lafer. Man soll-

te sich Zeit dafür nehmen, dabei sein eigenes Wissen weitergeben, wie man es seinerzeit von der Mutter oder Großmutter selbst erfahren habe. So hat sich Kochkultur entwickelt.

„Kochen bedeutet für mich Emotion und Geschmack transportiert ebenfalls Emotion. Wenn ich die Menschen in meiner Kochschule an das Kochen heranführe und zeige, wie einfach das alles eigentlich ist, wie viel Spaß es macht, und wie groß das Erfolgserlebnis ist, etwas selbst geschaffen zu haben, springt der Funke über und die Leute wagen sich selbst daran. Schon in der Schule müssten Kinder kochen lernen um zu erkennen, welche Zutaten wertvoll und schmackhaft sind. Alle Jugendlichen sollten wissen, wie gesund und bekömmlich ein frischer Salat oder ein gutes Gemüse für den Körper ist. Dann wüssten sie auch, wie schnell solche Gerichte zubereitet werden können und wie viel Spaß es macht, solche Speisen gemeinsam zu genießen. Essen ist Lebensqualität, wer gut gegessen hat fühlt sich wohler, ist leistungsfähiger und entspannter. Das Kommunikative, das gesellige Zusammensein in der Gruppe oder Familie, das Gespräch und das genussvolle Zelebrieren der Mahlzeiten sollten im Mittelpunkt stehen. Ich glaube fest daran, dass resultierend aus guten Erfahrungen eine Motivation hin zur gesünderen und besseren Ernährung entstehen wird."

„... Ofen auf 220° C vorheizen ..."

Rindersuppe mit Kräuterfrittaten

Rindersuppe

1 kg Rindfleisch
300 g Rinderknochen
1 große Zwiebel
Salz
6 Pfefferkörner
2 Lorbeerblätter
½ Stange Lauch
¼ Sellerieknolle
2 Möhren, 1 Tomate
1 Petersilienwurzel
Salz, Pfeffer

Das Fleisch und die Knochen gut waschen. Einen großen Topf erhitzen. Die Zwiebel halbieren, mit der Schnittfläche auf den Boden legen und dunkelbraun rösten. 2,5 l Wasser aufgießen. Das Fleisch und die Knochen zufügen, ebenso Salz, Pfefferkörner und Lorbeer. Langsam aufkochen lassen, dann die Hitze reduzieren und etwa 2 Stunden weiter köcheln lassen. Zwischendurch immer wieder abschäumen. Das Gemüse putzen bzw. schälen und zur Suppe geben. Noch weitere 30 Minuten bei schwacher Hitze ziehen lassen. Das Fleisch entnehmen und für ein anderes Gericht verwenden. Die Suppe durch ein Passiertuch abseihen, mit Salz und Pfeffer würzen und eventuell entfetten.

Kräuterfrittaten (Kräuterflädle)

50 g Mehl
150 ml Milch
2 Eier
½ EL Petersilie, gehackt
½ EL Schnittlauch, fein geschnitten
Blättchen von 3 Thymianzweigen
Salz
30 g Butterschmalz
1 Bund Schnittlauch

Das Mehl mit der Milch und den Eiern in eine Schüssel geben und mit dem Zauberstab alles fein mixen. Die Kräuter sowie etwas Salz dazugeben. In einer beschichteten Pfanne etwas Butterschmalz zerlaufen lassen und dünne Pfannkuchen darin nach und nach ausbacken. Diese anschließend auskühlen lassen, einrollen und in feine Streifen schneiden. Die heiße Suppe mit den Kräuterfrittaten in Tellern anrichten und fein geschnittenen Schnittlauch dazugeben.

Suppe köcheln lassen   *Brühe durch ein Passiertuch abseihen*   *Pfannkuchen in feine Streifen schneiden*

63

Berner Würstchen mit Kartoffelpüree und Zwiebel-Petersilien-Schmelze

Berner Würstchen

1 dicke Scheibe Emmentaler Käse
4 Wiener Würstchen
8 Scheiben Räucherspeck
1 EL Butterschmalz
2 Thymianzweige

Den Emmentaler Käse in 4 dicke gleichmäßige Streifen schneiden. In die Würstchen eine Tasche schneiden, den Käse hinein drücken und die Würstchen mit dem Räucherspeck umwickeln. Das Butterschmalz in einer Pfanne erhitzen. Die Würstchen kross anbraten. Die Thymianzweige zugeben und bis zum Schluss mitbraten. Die Würstchen mit dem aromatisierten Butterschmalz mehrmals übergießen.

Zwiebel-Petersilien-Schmelze

100 g Zwiebel, geschält und in Streifen geschnitten
2 EL Blattpetersilie
Salz, Pfeffer

Würstchen und Thymianzweige aus der Pfanne nehmen, die Zwiebelstreifen zugeben und darin goldbraun anbraten, eventuell noch etwas Butterschmalz zugeben. Die Blattpetersilie zufügen, leicht mit anbraten und alles mit Salz und Pfeffer würzen.

Kartoffelpüree

500 g Kartoffeln, mehlig kochend
150 ml Milch
60 g Butter
Salz, Pfeffer, Muskat
Blattpetersilie für die Garnitur

Die Kartoffeln waschen und in Salzwasser ca. 10 Minuten ankochen lassen. Nun das Wasser abgießen, die Kartoffeln mit der Schale in Alufolie einpacken und im vorgeheizten Backofen bei ca. 180° C etwa 45 Minuten garen. Anschließend ausdämpfen lassen. Die Milch mit der Butter aufkochen und leicht einkochen lassen. Die Kartoffeln schälen und heiß in das kochende Milch-Butter-Gemisch pressen. Mit Salz, Pfeffer und Muskat abschmecken und alles mit dem Schneebesen glatt verrühren.

Die Berner Würstchen mit dem Kartoffelpüree und der Zwiebel-Petersilien-Schmelze anrichten, mit Blattpetersilie garnieren.

eine Tasche in die Würstchen schneiden

mit Käsestreifen füllen

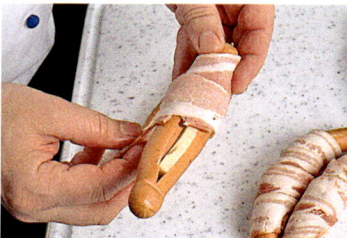
mit dem Räucherspeck umwickeln

Würstchen kross anbraten

Wiener Schnitzel mit Bratkartoffeln

Wiener Schnitzel

4 Kalbsschnitzel von der Kalbsoberschale,
à ca. 120 g
etwas Öl
Salz, Pfeffer
2 Eier
2 EL geschlagene Sahne
50 g Mehl, Salz, Pfeffer
150 g Semmelbrösel
200 g Butterschmalz

Die Kalbsschnitzel zwischen zwei Klarsichtfolien, welche vorher leicht mit etwas Öl eingerieben wurden, dünn ausklopfen und mit Salz und Pfeffer würzen. Die Eier und die geschlagene Sahne mit Hilfe einer Gabel in einer Schüssel verquirlen, mit Salz und Pfeffer würzen. Die Schnitzel in Mehl wenden, überschüssiges Mehl abklopfen, dann durch das Ei ziehen und anschließend in den Semmelbröseln panieren. Es ist wichtig, die Panade gut anzudrücken. Butterschmalz in einer Pfanne erhitzen und die Schnitzel von beiden Seiten goldgelb ausbacken. Die Schnitzel sollten in dem heißen Butterschmalz schwimmen. Auf Küchenpapier abtropfen lassen und mit Salz bestreuen.

Bratkartoffeln

600 g Kartoffen, festkochend
80 g Zwiebeln
60 g Dörrfleisch
40 g Butterschmalz
Salz, Pfeffer
Kümmel aus der Gewürzmühle
1 EL Petersilie, gehackt
30 g Butter
4 Zitronenscheiben
4 Sardellenfilets
Blattpetersilie

Die Kartoffeln in Salzwasser kochen, schälen, lange und gut auskühlen lassen und dann in dünne Scheiben schneiden. Die Zwiebeln schälen und in Würfel schneiden. Das Dörrfleisch in feine Würfel schneiden. Das Butterschmalz in einer Pfanne erhitzen und die Kartoffelscheiben gut anbraten. Die Dörrfleischwürfel zugeben und bei regelmäßigem Schwenken anbräunen lassen. Die Zwiebelwürfel zufügen und mit anbraten. Mit Salz, Pfeffer und Kümmel abschmecken. Zum Schluss die Petersilie zugeben, die Butter langsam einrühren und die Kartoffeln damit glasieren. Die Pfanne darf nicht mehr auf der Flamme stehen.

Die Bratkartoffeln auf Teller verteilen und die Schnitzel dazu anrichten. Diese mit einer Zitronenscheibe belegen und eine Sardelle und etwas Blattpetersilie obendrauf setzen.

Schnitzel zwischen zwei Klarsichtfolien dünn ausklopfen

mit Salz und Pfeffer würzen

geschlagene Sahne zu den Eiern geben

Sahne und Eier verquirlen

*Kartoffeln in Scheiben
schneiden*

in der Pfanne gut anbraten

*mit den Gewürzen
abschmecken*

*Schnitzel in Butterschmalz
ausbacken*

67

Buchteln mit Himbeermarmelade gefüllt und Vanillesabayon

Buchteln

60 ml lauwarme Milch
30 g Mehl, 20 g Zucker, 20 g Hefe
360 g Mehl
2 Eigelb
2 Eier, 25 g Zucker
Salz
abgeriebene Schale einer Orange, unbehandelt
60 g zimmerwarme Butter
3 EL Himbeermarmelade
Butter für die Form
30 g flüssige Butter

zen. Den Backofen auf 180° C vorheizen. Die Buchteln nochmals abgedeckt mit einem Küchentuch oder Klarsichtfolie aufgehen lassen, mit flüssiger Butter bestreichen und 30-35 Minuten im Ofen backen.

Vanillesabayon

120 ml Milch
4 Eigelbe
20 g Tahiti Vanillezucker
1 Tahiti Vanilleschote
Puderzucker, frische Minze

Teig ausrollen, Kreise ausstechen — *Himbeermarmelade auf die Kreise geben* — *Kugeln formen* — *mit der Öffnung nach unten in die Form setzen*

Milch, Mehl, Zucker und Hefe verrühren. Den Vorteig abgedeckt an einem warmen Ort zur doppelten Menge aufgehen lassen. Mehl, Eigelbe, Eier, Zucker, Salz, Orangenschale, zimmerwarme Butter und den Vorteig zu einem glatten Teig verkneten. Zur doppelten Menge aufgehen lassen. Den Teig etwa ½ cm dünn ausrollen und Kreise mit 6 cm Durchmesser ausstechen. Jeweils 1 Teelöffel Himbeermarmelade auf die Kreise geben, Kugeln formen und mit der Öffnung nach unten in die eingefettete Form (25 x 25 cm) set-

Milch, Eigelbe, Vanillezucker und Vanillemark über dem Wasserbad dickflüssig, cremig schaumig schlagen. Anschließend vom Feuer nehmen, etwas weiter schlagen und dann zu den Buchteln servieren.
Beim Anrichten die Buchteln mit Vanillezucker bestreuen und mit frischer Minze dekorieren.

Quarkschmarren mit Preiselbeeren

Preiselbeeren

*170 g gezuckerte Preiselbeeren im Saft
(aus dem Glas)*

Die Preiselbeeren abtropfen lassen. Den Saft auf-
fangen und bei mittlerer Hitze auf die Hälfte einkochen lassen. Dann die Preiselbeeren wieder
zugeben.

Quarkschmarren

*3 Eier
½ Vanilleschote
125 g Magerquark
3 EL Milch
60 g Sahne
50 g Mehl
1 EL Rosinen
abgeriebene Schale von ½ Orange,
unbehandelt
abgeriebene Schale von ½ Zitrone,
unbehandelt
1 Prise Salz
60 g Zucker
20 g Puderzucker
2 x 2 EL Butter*

Für den Quarkschmarren die Eier trennen. Die
Vanilleschote längs aufschneiden, das Mark heraus
kratzen und mit den Eigelben sowie dem Magerquark, Milch, Sahne und Mehl gut verquirlen.
Rosinen, Orangen- und Zitronenschale untermischen. Eiweiß mit dem Salz halbsteif schlagen.
Zucker zufügen, alles zu steifem Eischnee schlagen und vorsichtig unter die Quarkmasse heben.
Den Ofen auf 180° C vorheizen. Die Butter in einer
beschichteten feuerfesten Pfanne erhitzen und
die Quarkmasse hinein geben. Dann den Schmarren im Ofen auf der mittleren Schiene ca. 20
Minuten backen (auf jeder Seite 10 Minuten),
herausnehmen und in der Pfanne mit zwei Pfan-
nenwendern in mundgerechte Stücke zerteilen.
Die Herdplatte auf mittlere Hitze stellen. Den
Schmarren in die eine Hälfte der Pfanne schieben, die Butter in die andere Hälfte geben und
zerlaufen lassen. Puderzucker auf die Butter sie-
ben und goldgelb karamellisieren lassen. Dann
den Schmarren mit dem Karamell gründlich
mischen.
Den Schmarren mit den Preiselbeeren auf Tellern
anrichten, mit dem Puderzucker bestäuben und
mit Minzeblättchen garnieren.

Orangen fein abreiben

Quark zu den Eigelben geben

*eine feuerfeste Pfanne
mit der Masse füllen*

Schmarren zerteilen

Dieter Müller

„Restaurant Dieter Müller", Bergisch Gladbach

Landwirt oder Gastwirt, das waren seinerzeit die beruflichen Perspektiven des jugendlichen Dieter Müller. Seine Kindheit verlebte der Dreisterne-Koch im südlichen Teil des Hochschwarzwalds weit ab von der nächsten größeren Stadt. Wenn er erzählt, fühlt man sich fast in die Bilderbuchwelt einer Astrid Lindgren versetzt. Allerdings spielt die Geschichte im Wiesental nahe der Schweizer Grenze und nicht in Bullerbü. Auf tausend Metern Höhe gab es außer der traumhaften Landschaft nur wenige Ansiedlungen und Bauernhöfe.

„Wir bauten Baumhäuser, halfen im Stall, im Garten und bei der Heuernte, im Winter buken wir Kinder zusammen mit unserer Mutter Weihnachtsgebäck. Die Ernährung richtete sich nach dem jahreszeitlichen Angebot der Natur. Im Sommer gab es Obst, im Herbst Esskastanien, Fleisch höchstens einmal die Woche. Fisch kannte ich nur als Bachforelle, oder als eingelegte Heringe. Die waren aber auch sehr lecker," lacht Dieter Müller und erinnert sich an einen Ausflug zum einzigen Tante-Emma-Laden, den es in der Gegend gab. „Wir kauften uns Mohrenköpfe und aßen so viele, dass es uns schlecht wurde. Aber es war halt etwas Gutes, etwas Neues."

Vierzig Jahre später freuen sich ganze Heerscharen von Feinschmeckern, dass ihn die Gastronomie letztendlich doch mehr lockte als die Landwirtschaft. Einer der höchstdekorierten Meisterköche des Landes ist er geworden, hat sich gemeinsam mit Deutschlands Kochelite unermüdlich für eine gesunde und anspruchsvolle Ernährung eingesetzt. Mit seinem Küchenchef Nils Henkel denkt er über Ansätze nach, wie man Kindern und Eltern eine Alternative zur fast bedrohlichen Fastfoodernährung aufzeigen kann.

Nils Henkel, der in der Schule hauswirtschaftliche Fächer und Kochen belegt hat, plädiert für einen allgemeinen Koch- und Materialkundeunterricht. „Es ist eine Frage der Ausbildung und des Qulitätsbewußtseins, ob Erwachsene kontrollieren können, was ihre Kinder essen. Die Verantwortung für eine gesunde Ernährung tragen jedenfalls sie, denn Kinder denken nicht selbst darüber nach. Vielmehr orientieren sie sich an ihrem nahen Umfeld."

Dieter Müller verdeutlicht dies mit einem Beispiel: „Bis meine Kinder in den Kindergarten kamen, mochten sie sehr gerne Fisch, dann hieß es plötzlich ‚Igitt'. Man sieht, dass wohl sehr viel Erfahrungen im Kindergarten ausgetauscht werden." Prinzipiell müsse man Kinder schon ein bisschen dazu überreden etwas Neues auszuprobieren. Aber wenn Eltern mit gutem Beispiel voran gehen, versuchen Kinder auch schon mal einen Steinbutt, anstatt der bewährten Würstchen mit Kartoffelsalat. Leichtes und frisches Essen solle man Kindern anbieten. „Rohes Gemüse und Obst sind Alternativen zu Popkorn und Chips vor dem Fernseher! Dies gilt natürlich auch für Erwachsene", meinen die Küchenchefs.

Dieter Müllers Tipp: „Lassen sie doch einmal den Fernseher aus und veranstalten sie stattdessen eine kleine Kochparty mit Freunden und deren Kindern! Die Erfahrungen unserer Kochkurse belegen, dass gerade auch Väter großen Spaß an solchen kreativen, geselligen und lustigen Ereignissen haben!"

„Amsel, Drossel, Fink und Star sind leider ausgegangen, aber ich kann Ihnen noch Kanari-Lendchen nach Großmutterart anbieten!"

Glattbuttstreifen in der Eihülle auf Spaghettini mit Tomatenkompott

Glattbuttstreifen

320 g Glattbuttfilet
1 Vollei, groß
1 EL Mehl
1 TL Kräuter, frisch gehackt (Petersilie,
Estragon, Thymian)
Zitrone
Salz und Pfeffer aus der Mühle
Olivenöl zum Braten

Die Fischfilets in acht gleichgroße Streifen schneiden. Mit Salz, Pfeffer und Zitrone würzen und in Mehl wenden. Das Ei mit Salz und den Kräutern gut verschlagen. Die mehlierten Fischfilets darin wenden und in einer heißen Teflonpfanne mit Olivenöl von jeder Seite etwa 2 Minuten saftig braten.

Tomatenkompott

3 Eiertomaten, reif und fest
1 EL Schalotten, fein geschnitten
2 EL Olivenöl
1 TL Tomatenketchup
1 Basilikumzweig, 1 Thymianzweig
Salz und Pfeffer aus der Mühle

Die Tomaten etwa 20 Sekunden in kochendem Salzwasser blanchieren und sofort in Eiswasser tauchen. Dann die Haut abziehen, vierteln und die Kerne entfernen. Das Tomatenfleisch in Würfel schneiden. In einer Sauteuse Olivenöl erhitzen und die Schalotten darin glasig dünsten. Basilikum, Thymian, Tomatenwürfel und den Ketchup zufügen. Das Kompott dickflüssig einkochen lassen, die Kräuter entfernen und mit Salz und Pfeffer abschmecken.

300 g Spaghettini (dünne Spaghetti)
Thymianzweig oder Basilikumblättchen

Die Spaghettini in kochendem Salzwasser mit einem Spritzer Öl mit Biss kochen und sofort in ein Sieb schütten.
Die Spaghettini in einer Sauteuse mit geschmolzener Butter anschwenken, mit etwas Salz abschmecken und auf vier Teller verteilen. Tomatenkompott und Fisch anrichten und nach Wunsch mit Thymianzweig oder Basilikumblättchen garnieren.

*Ei mit Salz und
Kräutern würzen*

alles verquirlen

mehlierte Filets darin wenden

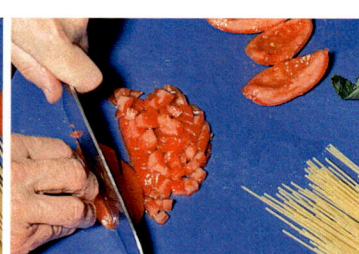

*Tomatenfleisch in Würfel
schneiden*

Gefüllter Pfannkuchen mit Schmorapfelkompott

Pfannkuchen

250 ml Vollmilch
2 Vollei
200 g Mehl
Salz
10 g Butter, flüssig
1 TL Petersilie, fein gehackt
4 Scheiben Emmentaler Käse
4 Scheiben Beinschinken

Apfelkompott

4 Äpfel (Delicius)
100 ml Apfelsaft
1 EL Zucker
Zimtstange
1 Sternanis
1 Msp Vitamin C Pulver
1 TL Estragonblätter, fein geschnitten

Äpfel in gleichmäßige Stücke schneiden

mit Apfelsaft begießen

Saft, Gewürze und Äpfel köcheln lassen

Käse und Schinken in den Pfannkuchen einrollen

Eine große Teflonpfanne erhitzen und nacheinander 4 dünne Pfannkuchen mit wenig Fett zubereiten. Die Pfannkuchen jeweils mit einer Käse- und einer Schinkenscheibe belegen und aufrollen, an den Enden etwa 2 cm abschneiden und auf ein gebuttertes Backblech legen. Die Pfannkuchen mit flüssiger Butter bepinseln und im Backofen bei 180° C mit Umluft etwa 10 Minuten erhitzen.

Die Äpfel schälen, das Kernhaus ausstechen und in gleichmäßige Stücke schneiden. Zusammen mit dem Apfelsaft und den anderen Zutaten in einer Sauteuse abgedeckt etwa 12 Minuten köcheln lassen und lauwarm zur Seite stellen.

Das Apfelkompott auf vier Teller verteilen, die Pfannkuchen je zweimal aufschneiden, auf das Apfelkompott platzieren und servieren.

Ochsenbrust mit Meerrettichsauce, Gemüse und eingelegter Rote Bete

Lieblingsrezept von Küchenchef Nils Henkel

Ochsenbrust und Gemüse

600 g Ochsenbrust, ohne Knochen, gepökelt
2 Staudenselleriestangen
2 Karotten, 1 Zwiebel, 1 Lauchstange
5 Pfefferkörner, 2 Lorbeerblätter, Meersalz
12 Kartoffeln, klein und rund (Drillinge)
4 Karotten mit Grün

Die gepökelte Ochsenbrust mit dem geschnittenen Gemüse, den Gewürzen und etwas Meersalz kalt aufsetzen, langsam aufkochen und etwa 60–90 Minuten köcheln lassen. Die Kartoffeln und Karotten schälen und zurechtschneiden, wenn das Fleisch langsam weich wird, zufügen und etwa 15 Minuten im Fond sieden lassen.

Meerrettichsauce

1 Meerrettichstange
200 ml Sahne
2 EL Mehlbutter (1 EL Butter mit 1 EL Mehl vermengen)
Zitronensaft

Für die Sauce etwa 500 ml Kochfond auf 200 ml reduzieren und mit Mehlbutter binden. Die Sahne hinzufügen und noch etwa 10 Minuten einkochen, währenddessen den Meerrettich fein reiben und zur Sauce geben. Die Sauce mit Salz, etwas Zucker und Zitronensaft abschmecken und mit einem Mixstab montieren.

Eingelegte Rote Bete

12 Mini Rote Bete
250 ml Apfelessig, 250 ml Wasser
250 g Zucker
1 Lorbeerblatt, ½ Zimtstange
2 grüne Kardamomkapseln
10 Pfefferkörner, 1 TL Senfkörner
Salz, Zucker

Die Rote Bete in Salzwasser mit etwas Essig gar kochen und schälen. Für die Marinade den Apfelessig mit Wasser, Zucker und Gewürzen aufkochen, die Rote Bete in den lauwarmen Fond einlegen und über Nacht ziehen lassen.

Die Ochsenbrust in vier schöne Scheiben schneiden und auf heiße Teller verteilen, die Karotten und Kartoffeln aus dem heißen Fond nehmen, etwas nachsalzen und um die Ochsenbrust herum anrichten. Die Rote Bete mit etwas Fond glacieren und zwischen die Gemüse platzieren. Die aufmontierte Meerrettichsauce über das Fleisch geben.

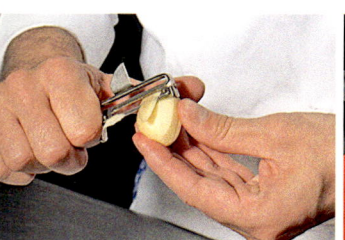
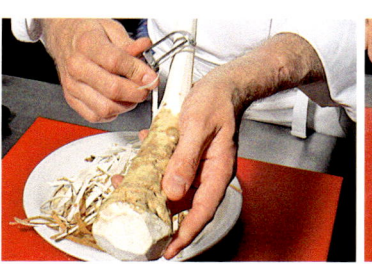
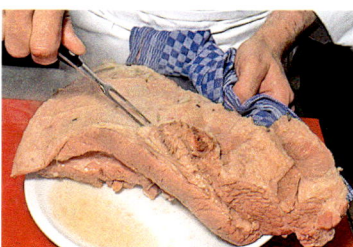

Gemüse schälen und zurechtschneiden

Meerrettich für die Sauce vorbereiten

prüfen, ob das Fleisch weich ist

Großer Hans mit Gewürzkirschen –
Norddeutscher Brotpudding

Großer Hans

(Zutaten für 4 Personen als Hauptgericht
für 8 Personen als Nachspeise)
300 g Mandel-Weißbrot oder Brioche, altbacken
750 ml Milch
12 grüne Kardamomkapseln
1 Zimtstange, ½ Vanilleschote
100 g Zucker, 100 g Grieß
5 Vollei, 30 g Korinthen
50 g Butter, gesalzen

Das altbackene Mandelbrot oder Brioche in Würfel schneiden. Die Milch mit den zerdrückten Kardamomkapseln, der Zimtstange und der Vanilleschote aufkochen. Den Zucker unterrühren und die lauwarme Milch durch ein feines Sieb auf die Brotwürfel gießen. Den Grieß zufügen und etwas quellen lassen. Nun nach und nach die Eier unterrühren, die Korinthen und die zerlassene Butter zufügen. Die Masse in beschichtete Förmchen füllen, diese in ein tiefes Blech setzen, etwas Wasser angießen und mit einem Blech abdecken. Nun im Backofen bei 120° C etwa 30 bis 40 Minuten garen.

Gewürzkirschen

500 g Kirschen, 500 ml Kirschsaft
3 grüne Kardamomkapseln, 3 Pfefferkörner
1 Nelke, 1 Sternanis. 1 Zimtstange
½ Vanilleschote, das Mark auskratzen
10 g Mondamin

Die Kirschen entsteinen und die Steine zerstoßen. Kirschsaft, Kirschsteine und Gewürze aufkochen und 5 Minuten köcheln lassen. Mit angerührtem Mondamin binden und durch ein feines Sieb passieren. Die Kirschen in dem Fond etwa 2 Minuten köcheln. Die Brotpuddings aus den Förmchen stürzen und auf Tellern anrichten, die Gewürzkirschen außen herum verteilen.

Küchenchef Nils Henkel

die Kirschen entsteinen

Mandelbrot in Würfel schneiden

die gewürzte Milch über die Würfel gießen

die Masse in Förmchen füllen

80

Jörg Müller
„Restaurant Jörg Müller", Sylt

Jörg Müller passt zu Sylt, der Nordsee, der rauen und faszinierenden Natur im äußersten Norden Deutschlands. Wüsste man es nicht besser, könnte man ihn mit seinem berühmten verwegenen Schnauzbart für einen Insulaner halten. Auch als Kapitän eines Fischkutters würde er eine gute Figur abgeben.

Am ganz anderen Ende des Landes – in Südbaden – verlebte er gemeinsam mit sechs Geschwistern seine Kindheit und Jugend. Die Zeiten sind schlecht, die Müllers leben nicht im Überfluss, aber was die Mutter und auch der Vater kochen ist einfach und gut. „Was man als Kind im Elternhaus an gutem Geschmack mitbekommt, braucht man sich später nicht mühsam selbst beizubringen. Eltern sind ihren Kindern Vorbild, im Guten wie im Schlechten."

Gerade in den heutigen, turbulenten Zeiten sollten gestresste Eltern darauf achten, dass sie ihren Kindern nach der Schule etwas ‚Vernünftiges' zum Mittagessen offerieren. Kinder registrieren, wenn ein Teller schön angerichtet ist und freuen sich darüber. „Bunt ist immer gut", resümiert der Meisterkoch, der genau weiß, dass dadurch auch gesunde Nahrungsmittel wie Salat und frisches Gemüse für den Nachwuchs appetitlicher und attraktiver werden. Neben den ernährungstechnischen Belangen plädiert Jörg Müller auch im Sinne eines intakten Familienlebens für regelmäßige gemeinsame Mahlzeiten: „Gewöhnen sich Kinder an einen Rhythmus sind sie weniger anfällig für die vielfältigen Verlockungen der schnellen Zwischenmahlzeiten beim Bäcker um die Ecke oder der Imbissbude nebenan."

Wie unterschiedlich die Essgewohnheiten von Kindern und Jugendlichen sein können, erlebt Jörg Müller fast täglich in seinem Restaurant. „Es gibt Kinder, die aus freien Stücken und mit Begeisterung Salat, Gemüse, Fisch und Meeresfrüchte essen, die auch schon mit acht Jahren komplette Menüs, selbstverständlich auf Kinderportionen reduziert, mitessen und großen Spaß dabei haben. Andererseits haben wir auch Zwölfjährige, die sich nahezu ausschließlich von Nudeln und Sauce ernähren! Das ist manchmal unvorstellbar."

An solchen Beispielen erkenne man deutlich den positiven wie auch den negativen Einfluss der jeweiligen Elternhäuser. „Achten Sie doch einmal im Restaurant darauf, wie Eltern für ihre Kinder bestellen. Ohne eine Frage an sie zu richten werden Nudeln mit Sauce oder Schnitzel mit Pommes geordert. Kinder erhalten meist keine Möglichkeit, sich selbst zu entscheiden. Sicher würden sie sich manchmal für etwas Neues, vielleicht auch für etwas scheinbar Exotisches wie Paella – das Lieblingsgericht meiner Tochter – entscheiden, wenn sie nur dürften!"

„Hol' einer mal den Küchenhocker, wir müssen doch auch umrühren!"

Melonenkaltschale mit Flusskrebsen

Melonenkaltschale

1,5 kg Flusskrebse
1 Lorbeerblatt
1 TL Pfefferkörner
1 TL Koriander
250 ml Weißwein
1 EL Salz
ca. 3 l Wasser
1 Karotte
1 Stück Lauch
1 Stück Sellerie
½ Fenchelknolle
2 mittelgroße Cantaloup-Melonen
1 kleine Honigmelone oder ein Stück einer
Wassermelone
200 ml Crème fraîche
60 ml weißer Portwein
20 ml Cognac
Saft einer ½ Zitrone
20 ml weißer Balsamico-Essig
je eine Prise Salz, Zucker, Cayenne

Gemüse waschen, in Stücke schneiden, in einen Topf geben und mit Wasser, Wein und Gewürzen zum Kochen bringen. Die Hälfte der Krebse darin etwa 4 Minuten kochen und in kaltem Salzwasser abkühlen. Danach die andere Hälfte kochen und abkühlen. Die Krebsschwänze und Scheren sorgfältig ausbrechen, den Darm entfernen und kühl stellen. Die Krebskörper für Suppen oder Saucen aufbewahren. Die Cantaloup-Melonen sternförmig schneiden, die Honigmelonen einfach halbieren. Die Kerne entfernen und für die Garnitur bzw. Einlage aus dem Fruchtfleisch mit einem Parisienne-Ausstecher kleine Kugeln formen und diese kühl stellen. Das restliche Fruchtfleisch mit einem Löffel aus den Melonenschalen lösen. Die sternförmig geschnittenen Melonen kühl stellen, sie dienen als Schale. Das Melonenfleisch im Mixer unter Zugabe von Portwein, Cognac, Zitronensaft, Crème fraîche und Walnussöl fein pürieren. Mit etwas Salz, Zucker und Cayenne abschmecken und kalt stellen.

Die Kaltschale in die vorbereiteten Melonenhälften füllen und mit den ausgestochenen Melonenbällchen und dem Krebsfleisch garnieren.

die Melone sternförmig
aufschneiden

aus den Melonen Kugeln
ausstechen

das Melonenpüree
abschmecken

die gekühlten Schalen
füllen

Paella mit Nordseefischen

Paella

4 Poulardenkeulen
8 Garnelen oder 100 g Nordseekrabben
400 g Miesmuscheln oder Herzmuscheln
400 g Nordseefische ohne Haut und Gräten
(z.B. Steinbeißer, Seeteufel oder Lachs)
je 1 rote und gelbe Paprika
2 Eiertomaten
3 EL gehackte Schalotten
2 gehackte Knoblauchzehen
2 Lorbeerblätter
80 ml Olivenöl
100 ml Weißwein
400 ml heller Geflügelfond
200 g Risottoreis
1 TL Currypulver
1 g Safranfäden
100 g feine Erbsen
etwas Mehl
Salz, Pfeffer aus der Mühle

Die Poulardenkeulen entbeinen, in Stücke schneiden und würzen. Tomaten kurz in kochendes Wasser tauchen, kalt abschrecken, häuten, das Kernhaus entfernen und in Stücke schneiden. Paprika waschen, halbieren, Kernhaus entfernen und in grobe Würfel schneiden. In einem Topf Olivenöl erhitzen, Geflügelfleisch darin gut anbraten. Nach und nach Paprika, Schalotten, Knoblauch, Reis, Lorbeer, Safran und Curry dazugeben und mit Weißwein und Geflügelfond ablöschen. Mit Salz und Pfeffer würzen. Aufkochen lassen und abgedeckt im Backofen bei ca.180° C 15 Minuten garen. Miesmuscheln waschen, den Bart entfernen und zusammen mit Erbsen und Tomatenwürfel unter den Reis heben und weitere 8 Minuten ohne Deckel im Backrohr garen. Die Fischfilets in Stücke schneiden, Garnelen längs halbieren, würzen, in etwas Mehl wenden und in Olivenöl anbraten. Die Fische auf der fertigen Paella anrichten.

Poulardenkeulen würzen

die Zutaten in die heiße Form geben

mit Brühe und Weißwein aufgießen

Fischfilets und Garnelen gesondert anbraten

86

Gebackenes Stubenküken mit Kartoffel-Gurkensalat

Stubenküken

Pro Person 1 Küken (ca. 400 g)
1 Ei
etwas Mehl
5 Scheiben Toast oder 5 EL Semmelmehl
Salz, Pfeffer aus der Mühle
5 EL Sonnenblumenöl
30 g Butter
1 kleine Zwiebel
etwas Suppengemüse (Karotte, Lauch, Sellerie)

Kartoffel-Gurkensalat

pro Person 150 g gute Kartoffeln z.B. Linda
½ Zwiebel
½ TL Senf
etwas weißer Balsamico und Weinessig
Salz und Pfeffer
1 EL Sonnenblumenöl
Salatgurke nach Belieben

Zutaten für Kartoffel-
salat fein schneiden

alles vorsichtig unterheben

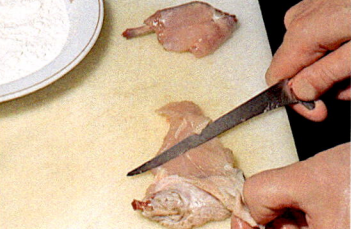
das Kükenfleisch vorbereiten...

... und panieren

Das Küken auslösen, d.h. Brüste und Keulchen mit einem scharfen Messer vom Knochen lösen. Mit Salz und Pfeffer würzen und kühl stellen. Aus den Knochen, Hautresten, Abschnitten und dem Suppengemüse eine Geflügelbrühe kochen. Das ausgelöste Kükenfleisch panieren, in reichlich, nicht zu heißem Öl goldbraun anbraten, das Öl abgießen und in Butter einige Minuten nachbraten.

Kartoffeln in Salzwasser weich kochen, abgießen und pellen. Auskühlen lassen und in dünne Scheiben schneiden. Die halbe Zwiebel in kleine Würfel schneiden, in eine Schüssel geben, mit Salz, Pfeffer, Senf, etwas von der Geflügelbrühe, Balsamico und Weinessig würzen. Öl darüber geben und alles gut verrühren. Die Kartoffelscheiben unterheben. Gurke schälen, in dünne Scheiben schneiden, leicht salzen und ca. 10 Minuten ziehen lassen, auf ein Sieb geben, leicht ausdrücken und unter den Kartoffelsalat mischen. Mit Zitronenspalten und Kartoffelsalat servieren.

Fruchtiger Hot Dog

Hot Dog

4 Hotdog-Brötchen
2 Bananen
2 Kiwis
8 Erdbeeren
4 EL Fruchtquark
1 Mango
1 Schale Himbeeren
1 Ei
Mehl, Panierbrot
Butter
Nusskrokant

Bananen schälen, längs halbieren, mit etwas Mehl bestäuben, in dem verquirltem Ei wenden und mit dem Brot panieren. Die Bananen werden in Butter hellbraun gebraten und zum Abtropfen auf Küchenpapier gelegt. Die Mango schälen, mit etwas Zucker und etwas Wasser kochen und pürieren. Die Himbeeren ebenfalls mit etwas Zucker vermengen und kalt pürieren. Die Brötchen werden nun so aufgeschnitten, dass sie auf einer Seite noch zusammen sind. Etwas Fruchtquark hinein geben, die gebackene Banane auflegen. Anschließend die Fruchtsaucen darüber geben. Zum Schluss die geschnittenen Kiwischeiben und Erdbeeren auflegen und mit dem Krokant bestreuen.

die Bananenhälften panieren

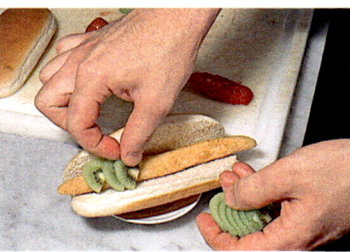
geschnittene Kiwischeiben auflegen

mit Erdbeersauce beträufeln

Süße Pizza

Pizza

(Rezept für 2 Personen)
60 g Mehl
50 g Kristallzucker
3 Eigelb
3 Eiweiß
½ Vanillestange
1 Prise Salz
Zitronenabrieb
Bunte Früchte der Jahreszeit
Eiscreme nach Belieben
weiße Schokoladenraspeln

Eigelbe verrühren   *süßen Eischnee dazugeben*   *die Masse in der Pfanne etwas anbraten*   *mit Obst belegen und Schokoraspeln bestreuen*

Das Eiweiß mit dem Zucker und der Prise Salz zu festem Schnee schlagen. Zuerst Eigelb, Zitronenabrieb und Vanillemark vorsichtig unterrühren, dann das Mehl unterheben. Eine große oder mehrere kleine Pfannen einfetten und vorheizen. Die Masse in die Pfanne geben und etwas anbraten. Die zuvor klein geschnittenen Früchte darauf verteilen und im auf 200° C vorgeheizten Backofen fertig backen. Die noch heiße Pizza mit den Schokoladenraspeln bestreuen, damit diese schmelzen und wie der Käse einer echten Pizza aussehen. Die süße Pizza wird am besten sofort in der Pfanne serviert, nachdem eine Kugel Eis obenauf gegeben wurde.

Schokoladen- und Karamellfondue

Schokoladen-Dipp

60 g Milch, 50 g Sahne
1 Packung Kinderriegel

Die Sahne mit der Milch in einen Topf geben, auf-kochen lassen, dann vom Feuer nehmen. Die Schokoladenriegel in Stücke brechen, in die Sahne geben und mit dem Rührbesen zu einer glatten Sauce verarbeiten. Anschließend noch warm in ein kleines Schälchen geben.

Erdbeer-Dipp

60 g Milch, 50 g Sahne
1 Tafel Erdbeerjoghurtriegel

Die Verarbeitung erfolgt wie im oberen Rezept

Karamell-Dipp

100 g Milch, 100 g Sahne
150 g Zucker

Einen Topf aufs Feuer geben und den Zucker vorsichtig nach und nach schmelzen lassen. Sobald der Zucker hellbraun ist, werden die Sahne und die Mich zugegeben. Bei kleiner Flamme unter Rühren etwas köcheln lassen, bis sich der Zucker komplett gelöst hat. Abkühlen lassen und ebenfalls in ein Schälchen geben.

Zum Dippen

Fruchtspieße, bunt zusammengestellt
Erdbeeren,
Löffelbiskuits, Kekse und Waffeln
geröstete Mandelblättchen, Krokant und
gehackte Pistazien

Alle Zutaten auf Teller geben und zusammen mit den Dipp-Schälchen als kleines Buffet auf-bauen.
Dieses Dessert eignet sich ideal für Kinderpartys oder Familienfeste.

Sahne und Milch in den geschmolzenen Zucker rühren

unter ständigem Rühren köcheln lassen

Schokolade in der heißen Milch-Sahne schmelzen

die Fruchtstückchen aufspießen

Früchte, Saucen und Kekse richten

Christian Rach

Restaurant „Tafelhaus", Hamburg

„Ernährungslehre ist heute eines der wichtigsten Themen, über die wir sprechen. Nicht nur die richtige und gesunde Ernährung des Einzelnen muss betrachtet werden, sondern auch der Zusammenhang von Genfood mit Umweltproblemen. Dies ist alles ein Themenkreis, der nicht ausschließlich politisch interpretiert werden sollte, sondern der vor allem der Bewusstseinsbildung von Kindern und Jugendlichen dienen müsste. Eltern sollten wissen, wie schädlich es ist, täglich Fastfood zu konsumieren. Es ist wichtig in der Schule zu beginnen, Schüler an guten Geschmack heranzuführen. Jeder kann lernen, gut zu schmecken und zwar in jedem Alter," erklärt Christian Rach. Dass die Eltern dabei die allerwichtigste Vorbildfunktion einnehmen, ist für ihn keine Frage. „Es gibt gar keinen Zweifel daran, dass es eine der zwingendsten frühkindlichen Prägungen ist, wie Kinder zuhause den Ablauf der Mahlzeiten mitbekommen. Da sie in der Regel keine Chance haben, irgendwo etwas anderes zu sehen oder zu lernen, sind sie auf den Erfahrungshorizont des Elternhauses angewiesen."

Großen Wert sollten alle Eltern auf regelmäßige Essenszeiten bei Frühstück, Mittag- und Abendessen legen. Wichtig ist es auch, auf eine gewisse Qualität der Zutaten zu achten. Dies müsse nicht zwangsläufig teuer sein, erklärt Rach. Qualität hat oft auch viel mit Originalität zu tun.

Phantasie ist gefragt, sollte beim Anrichten der Speisen aber nicht übertrieben werden.

„Viel wichtiger als die Präzision der Arrangements ist für Kinder die Farbe. Aus eigener Erfahrung weiß ich, dass viele Kinder zum Beispiel keine grünen Kräuter auf Fleisch oder in Saucen mögen. Auch sollte man die Teller nicht überfüllen. Weniger ist meist mehr! Zwei geschmacklich eindeutige Zutaten reichen. Dies dürfen durchaus auch Fisch und Gemüse sein, die gut zubereitet auch von kleinen Genießern gerne gegessen werden. Kinder sind generell offen für Neues. Es gibt zwar auch immer wieder mal eine ‚Ich will Nicht'-Phase, aber eigentlich gibt es keinen Grund, warum Kinder nicht auch gerne Kapern und Oliven essen sollten, wenn sie das zu Hause kennen lernen." Moderate Tischmanieren hält übrigens auch der moderne Kochkünstler Rach für einen Teil allgemeiner Lebensausbildung.

„Man lernt dadurch eine Form von Disziplin, die einem im Leben sehr zuträglich sein kann!"

„...und wie erkennt man, wann dein Meerschweinchen schlachtreif ist?"

Dibbelabbes – Saarländische Rösti

Rösti

1 kg Kartoffeln
1 Stange Lauch
130 g geräucherter Speck oder Schinken
1 Ei
Petersilie, Majoran, Salz, Pfeffer, Muskat

Den Speck oder Schinken in kleine Würfel schneiden und in einem Gussbräter auslassen. Die Kartoffeln schälen, grob reiben und in einem Leinensack oder Geschirrhandtuch fest ausdrücken. Den fein geschnittenen Lauch und die gehackten Kräuter mit den Kartoffeln und dem ausgelassenen Speck vermischen und je nach Geschmack würzen. Die Masse in dem Gussbräter für 2 Stunden bei 200° C im Backofen braten und dabei immer wieder zerreißen.

die Kartoffeln grob reiben

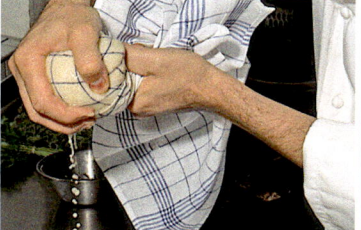

in einem Tuch fest ausdrücken

den Speck auslassen und die Kräuter hacken

alle Zutaten mischen und würzen

Schneebällchen

Schneebällchen

1,5 kg mehlig kochende Kartoffeln
3 Eigelb
1 Bund Petersilie
Mehl, Salz, Pfeffer, Muskat,
Salzwasser zum Kochen

Kartoffeln am Vortag in der Schale kochen, pellen, durchdrehen und ausdämpfen lassen. Am nächsten Tag die Masse mit den 3 Eigelb, der gehackten Petersilie und den Gewürzen durchkneten. Soviel Mehl beigeben, dass der Teig nicht mehr an den Händen klebt. Kleine Bällchen formen und in Salzwasser solange kochen, bis sie von selbst nach oben kommen.
Nach Belieben mit Butter und Semmelbrösel schmelzen und mit Fleischsauce, Speck oder Rahmsauce servieren.

ein wenig Mehl beigeben

kleine Bällchen formen…

… und fest rollen

die gegarten Bällchen aus dem Wasser nehmen

Omas Sonntagsbraten

Braten

800 g Kalbsnuss
25 g süße abgezogene Mandeln
1 Bund Suppengemüse
1 EL Tomatenmark
3 Lorbeerblätter
2 Nelken
Pfefferkörner, Thymian, Salz, Pfeffer
0,5 l Dunkelbier
1 EL Mehl, etwas Zucker
15 g geriebener Honigkuchen
125 g Sahne

Die Kalbsnuss mit den Mandeln spicken und mit dem in Würfel geschnittenen Gemüse und den Gewürzen für 1-2 Tage in dem Dunkelbier einlegen. Das abgetrocknete Fleisch scharf anbraten und das Gemüse dazu geben. Danach das Fleisch heraus nehmen und das Gemüse mit dem Tomatenmark, Mehl und Zucker verrühren und mit der Marinade ablöschen. Das Fleisch wieder in die Sauce geben, den geriebenen Honigkuchen unterrühren und im Backofen gar schmoren. Die Sauce durch ein Tuch passieren, mit der Sahne aufkochen und abschmecken.
Dazu schmecken ganz hervorragend die Schneebällchen!

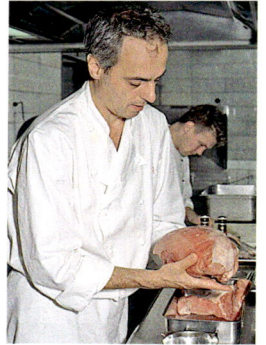

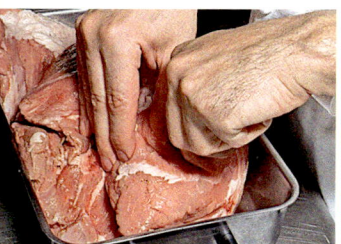
den Braten mit
Mandeln spicken

klein geschnittenes Gemüse
dazugeben

in Dunkelbier einlegen

Himbeercreme mit Schokolade

Creme

500 g Himbeeren
0,4 l Wasser
250 g Zucker
1 Vanillestange
2 EL Mondamin
200 g Sahne
100 g Vollmilchschokolade

Himbeeren mit dem Wasser abkochen und durch ein feines Sieb drücken. Vanillestange halbieren, auskratzen und zusammen mit dem Himbeerpüree und Zucker aufkochen. Mit Mondamin binden und abkühlen lassen. Die steif geschlagene Sahne unterheben und in Gläser füllen. Mit geraspelter Vollmilchschokolade und Himbeeren garnieren.

die Creme in kleine Gläschen einfüllen

die Schokolade raspeln

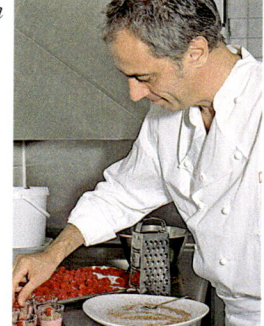

Mandel- Kirschtorte

Torte

100 g Butter
4 ganze Eier
200 g gemahlene Mandeln
80 g gemahlene Bitterschokolade
175 g Zucker
1 Msp Backpulver
1 EL Mondamin
2 Glas Sauerkirschen
Zucker
2 El Mondamin

Butter und Zucker schaumig schlagen. Nach und nach die Eier dazu geben. Die gemahlenen Mandeln, das Mondamin und das Backpulver unterrühren und zuletzt die geriebene Schokolade dazu geben. Ein rundes Blech mit Backpapier auslegen, die Masse einfüllen und ca. 35-40 Minuten bei 175° C backen. Die Kirschen gut abtropfen lassen und den Boden damit belegen. Den Kirschsaft mit etwas Zucker aufkochen, mit Mondamin binden und über den Kuchen gießen. Nach Belieben kann der Boden auch mit geschlagener Sahne bestrichen werden.

Kuchenzutaten

Fritz Schilling

Restaurant „Käfer-Schänke", München Bogenhausen

„Zu Hause am Familientisch sollte Harmonie herrschen. Das gemeinsame Essen mit der Familie sehe ich als Refugium, als Oase der Ruhe, als einen wichtigen Kontrast zu dem Stress im Berufsleben, der Aggressivität im Straßenverkehr und der allgemeinen Hektik unseres Lebens. Das Wohlfühlen bei den Mahlzeiten ist entscheidend. Wer sich wohl fühlt, ist entspannt und ausgeglichen. Deshalb verstehe ich unter guten Tischmanieren, dass man sich so zu benehmen weiß, dass der Tischnachbar nicht durch das eigene Verhalten gestört wird. Dass man bestimmte Gerichte mit den Fingern essen darf ist für mich ebenso selbstverständlich möglich, wie ab und zu den Ellenbogen auf den Tisch zu stützen."

Kinder hätten genau wie Erwachsene spezielle Ernährungsphasen, erklärt Fritz Schilling. Dann essen sie am liebsten nur noch Nudeln, Gemüse, haben eine wahre Fleischeslust, oder sind richtig gierig auf Süßes. „Warum sollten wir unseren Kindern diese Gelüste verwehren?" Schilling, der selbst in einer Großfamilie aufwuchs, sammelte viel Erfahrung und rät Eltern dazu, Kinder selbst entscheiden zu lassen.

„Sie dürfen sich ruhig einmal mit Süßem, mit Gummibärchen und Schokolade überessen, dann ist in dieser Hinsicht wieder Ruhe für eine gewisse Zeit. Wenn ein Kind keine Lust auf ein Gericht oder eine Beilage hat, schadet es ihm sicher auch nicht, einmal eine Mahlzeit auszulassen." Eltern geraten schnell in Stress, wenn sie sich auf alle Wünsche der Kinder einließen. Gibt es Reis, wollen sie lieber Nudeln, kocht man Kartoffeln, verlangen sie nach Reis, wählt man Spaghetti haben alle plötzlich Lust auf Omelette. Manchmal wird die Situation am heimischen Tisch durch diese mannigfaltigen Vorlieben und Wünsche sehr kompliziert. Fritz Schilling sieht darin ein Indiz, dass Essen eine sehr emotionale Angelegenheit ist. Jeder sucht dabei immer wieder aufs Neue nach positiven Erlebnissen und Erfahrungen.

„Das Baby lernt bereits an der Brust durch die Milch und den Körpergeruch der Mutter eine Art ‚Reingeschmack' kennen, den es als heranwachsendes Kind immer wieder zu finden versucht. Ist ein Gericht natürlich mit frischen Zutaten aromatisch zubereitet, fühlt sich das Kind von dem Geruch angezogen und wird die Speise früher oder später probieren wollen. Von Natur aus kennen Kinder keine Blockaden, sie tasten sich langsam an Unbekanntes heran. Man muss ihnen nur genügend Zeit dazu lassen. Wenn sie sich erst einmal getraut haben freuen sie sich natürlich über das positive Erlebnis sowie das Feedback der Eltern! Es müssen ja auch nicht gleich Hummer, Austern oder Garnelen sein, Kinder genießen das, was ihnen in der jeweiligen Phase gerade am besten schmeckt. Warum sollte das nicht zwei Wochen lang Kartoffelpüree mit Oliven-Tapenade sein?"

„Wenn Mirko keine gerösteten Ameisen mag, besagt das ja nicht,
dass er deine Kochkünste generell ablehnt!"

Rohe Gemüseschüssel mit Meersalz und gegrilltem Ziegenkäse

Lieblingsspeise meines Sohnes Valentin

Gemüseschüssel

1 große Artischocke (dient als Schüssel)
1 Kohlrabi
1 Bund kleine Karotten
je 1 Paprika rot/grün/gelb
Kirschtomaten
½ Gurke
Erbsen
weitere Gemüse je nach Gusto

Die Artischocke aushöhlen und gut ausspülen. Das geputzte Gemüse schneiden und dekorativ in der Artischocke anrichten.

Ziegenkäsekräcker

1 Packung Mini-Schüttelbrotkräcker
250 g Rolle Ziegenkäse (St. Maure)
Olivenöl, Meersalz

Den Ziegenkäse in Scheiben schneiden, auf den Schüttelbrotkräcker anrichten, diese mit Olivenöl beträufeln und bei Oberhitze kurz grillen. Das rohe Gemüse in Meersalz dippen.

die Artischocke aushöhlen und säubern

Paprika in Streifen schneiden

das Gemüse richten

die Kräcker mit dem Ziegenkäse belegen

Tomaten- Brotsalat

Salat

Toskanisches Weißbrot oder Ciabatta (1-2 Tage alt)
1 kleiner Kopfsalat, etwas Rucola
500 g reife aromatische Tomaten
gute schwarze Oliven (Taggiasche aus Ligurien)
1 kleine blaue Zwiebel
1 Lauchziebel
1 Knoblauchzehe
1 Bund Basilikum
125 ml Olivenöl
50 – 100 g italienische Salami je nach Gusto
(Salsicci Cacciatore)
weißer Essig, Salz, Pfeffer

Das Brot in dünne Scheiben schneiden und dann in etwa 3 cm große Stücke brechen. Die Hälfte der Tomaten in Scheiben schneiden. Den Rest in kochendem Wasser blanchieren, häuten und die Kerne entfernen. Das Tomatenfleisch in Würfel schneiden. Damit zusammen mit Olivenöl, Salz, Pfeffer, Essig und geschnittenem Basilikum ein Dressing herstellen. Die Schüssel mit dem Knoblauch ausreiben. Den geputzten Salat in die Schüssel geben, die Brot- und Tomatenscheiben verteilen und mit dem Tomatendressing übergießen. Den Salat mit Zwiebelringen, Basilikumspitzen, Oliven und der aufgeschnittenen Salami garnieren. Wer Lust hat, kann noch Parmesan oder Pecorino darüber hobeln.

das Brot in dünne Scheiben schneiden

das Tomatenfleisch würfeln

die Lauchzwiebel in Ringe schneiden

das Tomatendressing zubereiten

Kartoffelpüree mit Oliven-Tapenade und Kartoffelchips

Lieblingsgericht meiner Tochter Anna

Püree

600 g mehlige Kartoffeln
250 ml Sahne
250 ml Milch
40 g Butter
Schwarzes Olivenpüree aus dem Glas
(am Besten aus ligurischen Taggiasche-Oliven)
Salz, eine Prise Muskat

Die Kartoffeln schälen und so lange weich kochen, bis sie zerfallen. Abschütten und durch ein Sieb passieren oder durch die Kartoffelpresse drücken. Mit der Butter und dem erwärmten Milch-Sahne-Gemisch glatt rühren.

Kartoffelchips

1 Kartoffel
60 g Olivenöl oder Butterschmalz

Eine Kartoffel waschen, mit der Schale dünne Scheiben für Chips hobeln und diese knusprig in Öl oder Schmalz ausbacken. Mit Küchenkrepp entfetten und mit Salz und Pfeffer würzen.
Das Kartoffelpüree mit Oliven-Tapenade und Kartoffelchips garnieren.

Püree mit Milch, Sahne und Butter glatt rühren

mit Tapenade und Chips garnieren

Loup de mer im Schuppenkleid gebraten mit Petersilienkartoffeln

1. Fisch säubern
2. erst scharf anbraten,
dann im Ofen garen

3. Petersilie mit Gewürzen
und Öl aufmixen
4. Kartoffeln und Petersilienöl
mit der Gabel mischen

Fisch

1 Loup de mer (wilde Angelware)
ca. 1,5 – 2 kg oder Zander, Brasse, Dorade
2 Zitronen
1 Bund Petersilie
Olivenöl

Den Fisch waschen, trocken tupfen, die Bauchhöhle mit Zitronenspalten und Petersilienzweigen ausstopfen (Fisch brät sich so besser). Eine passend große Pfanne kräftig erhitzen. Etwas Olivenöl in die Pfanne gießen, den Fisch beidseitig scharf anbraten. Im Ofen bei 180° C ca. 20 Minuten garen. Durch das Braten im Schuppenkleid löst der Fisch sich leicht vom Pfannenboden, die knusprigen Schuppen geben ein nussartiges Aroma ab und die Haut lässt sich dadurch leichter ablösen.

Petersilienkartoffeln

500 - 700 g vorwiegend festkochende / mehlige
Kartoffeln
1 kleiner Bund Blattpetersilie
150 ml bestes Olivenöl
Öl zum Braten, Meersalz, Pfeffer

Die Kartoffeln schälen und im Salzwasser garen. Petersilie zupfen und waschen. Die Blätter mit einer Prise Meersalz, etwas Pfeffer und dem Olivenöl mit einem Pürierstab zerkleinern. Die Kartoffeln in eine vorgewärmte Schüssel geben, mit dem Petersilienöl beträufeln und mit einer Gabel zerdrücken. Zum Anrichten den Fisch filetieren, die Filetstücke mit Meersalz würzen und mit Zitronensaft und Olivenöl verfeinern. Die Stampfkartoffeln zu lockeren Nocken formen.

113

Nanas geschmelzte Maultaschen mit Kartoffelsalat

Nudelteig

6 Eier, 400 g Mehl Typ 405
100 g Wiener Griessler (doppeltgriffiges Mehl)
1 El Öl, Salz

Zutaten für den Nudelteig in einer Rührschüssel mit Teigknethaken glatt rühren und mindestens 1 Stunde ruhen lassen.

Füllung

500 g Hackfleisch (Rind/Kalb),
(Rind/Schwein), (Kalb)
4 Semmeln, in Milch eingeweicht
3 Eier, ½ Zwiebel, 1 kleiner Bund Petersilie
¼ Lauchstange
50 g blanchierter Spinat (ausgedrückt)
40 g geräucherter Bauchspeck
20 g Butter, Salz, Pfeffer, Muskat

Die Aromaten in Butter andünsten und durch einen Fleischwolf mit mittelgroßer Scheibe drehen oder mit dem Messer klein hacken. Zusammen mit dem Hackfleisch, den Eiern und den ausgedrückten Semmeln zu einer homogenen Masse kneten und würzen. Den Teig sehr dünn ausrollen und in ca. 6 cm breite Bahnen schneiden. Die Füllung in kleinen Häufchen darauf spritzen und mit dem Teig einrollen. An den

Zwischenräumen verschließen und abtrennen. Die Maultaschen in Salzwasser je nach Größe 3-5 Minuten kochen bzw. gar ziehen lassen.

Kartoffelsalat

600 g festkochende, gelbfleischige Kartoffeln
20 g fein geschnittene Zwiebeln
1 El Tafelsenf (mittelscharf)
150 ml Fleischbrühe
6 El gutes Salatöl
3 El Tafelessig

Kartoffeln in der Schale kochen, dann schälen. Abkühlen lassen und mit einem Hobel oder einem Messer fein schneiden. Die Gewürze, Zwiebeln, Essig und Öl dazugeben und mit heißer Fleischbrühe übergießen. Vorsichtig vermengen, damit kein Dampf entsteht.

Zwiebel-Schmelze

1 kleine Zwiebel, fein geschnitten
40 g Butter

Die Zwiebel in Butter hellbraun rösten und über die Maultaschen geben.
Das Ganze mit leicht mariniertem Feldsalat garnieren.

den Teig sehr dünn ausrollen

in ca. 6 cm breite Bahnen schneiden

die Füllung in kleinen Häufchen darauf spritzen

mit dem Teig bedecken...

...und einrollen

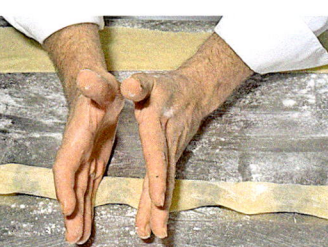

*die Zwischenräume
festdrücken*

mit der Tellerkante trennen

im Salzwasser ziehen lassen.

Gröstl von Nürnberger Rostbratwürstl mit Wachtelspiegelei

Leibspeise meines Sohnes Valentin

Gröstl

500 g festkochende, gelbfleischige Kartoffeln
1 kleine blaue Zwiebel
500 g Nürnberger Rostbratwürstl
Salz und Pfeffer aus der Mühle
60 g Butterschmalz
1 Frühlingszwiebel-Lauch
1 kleiner Bund Blattpetersilie
4 Wachteleier

Kartoffeln in der Schalte kochen, schälen, auskühlen lassen und schneiden. In der Teflonpfanne mit dem Butterschmalz rösch braten, die Zwiebeln schneiden und mit den in Rädchen geschnittenen Nürnbergern hinzugeben und weiter anrösten, bis die Zwiebeln gar sind. Mit Salz und Pfeffer würzen. Kleingeschnittenen Zwiebellauch und Blattpetersilie darüber geben.

Sauce

125 ml Kalbs- oder Geflügeljus erwärmen und mit einem Spitzer Balsamessig verfeinern. Wachteleier separat braten und anrichten.

Kartoffeln schälen und schneiden

Würstl und Zwiebeln gut anbraten

zum Schluss den Zwiebellauch dazugeben

die Wachteleier braten

116

Omas Rohrnudeln mit Zwetschgenröster

Rohrnudeln

(Zutaten für 4 Personen als Hauptgericht
für 8 Personen als Nachspeise)
500 g Mehl Typ 405
1 Würfel frische Backhefe (42 g)
2 Eier, 50 g Zucker, 250 ml Sahne
80 g Zucker, 80 g Butterschmalz
2 EL Sahne

Das Mehl in eine große Rührschüssel geben und eine Mulde formen. Darin für das Dampferl (den Vorteig) die zerteilte Hefe und den Zucker mit etwas lauwarmer Sahne verrühren und etwa 15 Minuten mit einem Tuch zugedeckt gehen lassen. Nun die restliche Sahne dazugeben und den Teig kneten, bis er elastisch und glatt ist. Nochmals an einer warmen Stelle 2-3 mal gehen lassen. Zwischendurch gut durchkneten und danach mit einem Tuch abdecken. In einer gusseisernen Pfanne das Butterschmalz schmelzen lassen und mit Zucker ausstreuen. Die abgedrehten Rohrnudeln einsetzen und nochmals gehen lassen. Mit etwas flüssigem Rahm bepinseln. Im Ofen anfangs bei 220 ° C anbacken ca. 10 Minuten und dann bei 180° C ca. 20 Minuten vollends fertig backen.

Zwetschgenröster

500 g Bühler Frühzwetschgen (oder andere)
100-200 g Zucker (je nach gewünschter Süße)
½ Vanilleschote, 1 TL Mondamin
nach Geschmack 1 Prise Zimt und gemahlener Koriander

Die Zwetschgen entsteinen und mit dem Zucker, den Gewürzen und der aufgeschnittenen Vanilleschote auf einem Backblech bei 180° C im Backofen garen, bis sie weich sind und reichlich Saft gezogen haben. Den Saft abschütten, leicht mit angerührtem Mondamin abbinden und gut durchkochen. Die Zwetschgen zu dem gebundenen Saft geben und abkühlen lassen.

Vanillesauce

6 Eigelb, 1 Vanilleschote
30 g Zucker, 500 ml Sahne

Aus dem Eigelb, Sahne, Zucker und der ausgekratzten Vanilleschote eine Vanillesauce über Wasserdampf in einer Rührschüssel aufschlagen. Die warme Sauce zu den Rohrnudeln und Zwetschgenröster geben.

die Teigkugeln in die Form setzen

die Rohrnudeln mit Rahm bepinseln

die Zwetschgen zuckern und würzen

bei 180° C im Ofen garen

Topfen-Mohnknödel auf Erdbeeren

Lieblingsdessert meiner Tochter Anna

Knödel

*700 g Topfen / Quark (1 Tag im Tuch abtrop-
fen lassen)*
50 g flüssige Butter
3 Eier
Prise Salz
Saft einer ½ Zitrone
40 g Zucker
*150 g Toastbrot ohne Rinde (zu Brösel reiben
und im Ofen ohne Farbe trocknen)*
100 g fertige Mohnbackmasse (Schwartau)
*1 Prise Salz und Zucker, etwas Butter, Oran-
genschale und Vanilleschote für's Kochwasser*

Brioche-Brösel

75 g trockener Brioche, gerieben
125 g Butter
10 g Vanillezucker
20 g geriebene Mandeln
5 g gehackte Walnüsse
Abrieb von Orange und Zitrone

Butter leicht bräunen und alle anderen Zutaten
zusammen anrösten.

 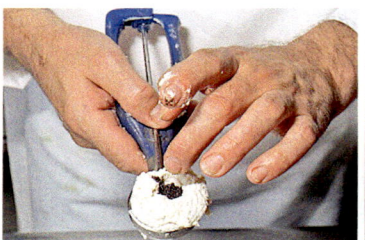 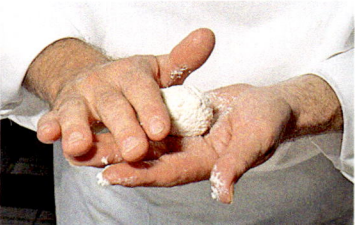 

die Knödel portionieren   *mit Mohn füllen*   *und gleichmäßig abdrehen*   *ca. 4 Minuten kochen lassen*

Den abgetropften Topfen mit Butter, Eiern,
Zitrone, Salz, Zucker und den Brotbröseln vermengen und etwa 30 Minuten stehen lassen.
Dann Knödel abdrehen und diese mit der
Mohnfertigmasse füllen. Die Knödel in dem
gewürzten Wasser kochen, heraus nehmen
und in den Brioche-Brösel wälzen.

Erdbeeren

*500 g Erdbeeren (wenn vorhanden auch
Walderdbeeren)*
50 g Zucker
Zitrone

Die Erdbeeren putzen, schneiden und als Rosette
auf Tellern anrichten. Von den Abschnitten, dem
Zucker und Zitronensaft ein Erdbeerpüree herstellen. Das Erdbeerpüree in der Mitte der Rosette
anrichten.

Hans-Paul Steiner

Restaurant „Hirschen", Sulzburg

„Herr Steiner, gab es ein Gericht, das Sie als Kind nicht gemocht haben?" „Sehe ich so aus, als ob ich jemals etwas nicht gemocht hätte?" Ein herzhaftes, sonniges Lachen begleitet die Ausführungen des großen Koches. „Ich habe immer alles gegessen. Wenn es etwas zu Essen gab," fügt er hinzu.

Hans-Paul Steiner erinnert sich noch sehr gut an die entbehrungsreichen Nachkriegsjahre. An jenen Wintertag im Jahr 1946 zum Beispiel, an dem er die Mutter um ein Stück Brot bat, worauf diese in Tränen ausbrach, weil sie nichts mehr für die Kinder hatte. „Als sich die Zeiten besserten, wurde gegessen, was auf den Tisch kam", erzählt er. Der Hunger sei der beste Koch, hieß es damals. Seine Mutter konnte da aber auf jeden Fall mithalten und ihr wunderbares eingemachtes Kalbfleisch ist nach wie vor das Lieblingsgericht des Küchenchefs. „Kocht die Mutter gut, entdecken Kinder ihren Geschmackssinn und lernen ihn zu verfeinern. Man kann dies mit dem Erlernen einer Fremdsprache vergleichen: Je früher man damit beginnt, desto selbstverständlicher, leichter und perfekter gelingt es," fügt er hinzu.

In dieser Hinsicht verlebt Tochter Douce eine wahrlich beneidenswerte Kindheit, wächst zweisprachig auf, lernt Französisch, die Muttersprache von Madame Steiner, erkundet schon als Kind Geschmacksdimensionen, wie sie selbst viele Erwachsene nicht kennen gelernt haben. Ist es da nicht geradezu vorbestimmt, dass sie auf-

grund dieser prägenden Kindheitserinnerungen selbst den Beruf der Köchin wählt? Ihren Mann Udo, seines Zeichens ebenfalls Meisterkoch, lernt sie in der Küche der ‚Schwarzwaldstube' bei Harald Wohlfahrt kennen. In den elterlichen Betrieb zurückgekehrt, kümmern sich nun Vater, Tochter und Schwiegersohn als hochkarätiges Dreigestirn gemeinsam um das Wohl der Gäste.

Privat wird viel diskutiert am „gemeinsamen Tisch", wie es Hans-Paul Steiner nennt. Auch über die Zweiklassen-Ernährung und -Gastronomie, über Fastfood und seine Auswirkungen macht sich die Familie Gedanken. Abgesehen von gesundheitlichen Aspekten müsse man sich auch den finanziellen Aspekt von Fastfood einmal verdeutlichen. Douce Steiner empfiehlt Eltern eine Gegenüberstellung der Kosten eines Hamburgers zu einem Kilo Gemüse. Am Beispiel einer Gemüsesuppe verdeutlicht sie, wie schnell und preiswert ein gesundes Gericht zubereitet werden kann.

Justine, die fünfjährige Tochter von Douce Steiner und Udo Weiler meldet sich zu Wort und erzählt, dass sie auch schon Erfahrungen im Fastfood-Restaurant gesammelt hat. Nicht mit ihren Eltern, sondern bei einem Ausflug mit der Familie einer Freundin. An den Namen des Lokals kann sie sich nicht erinnern, ebenso wenig an das Essen. Sie weiß nur noch, dass ihr die weichen Brötchen nicht geschmeckt haben. Gefreut hat sie sich aber über das kleine, bunte Plastikspielzeug, das sie in ihrer Tüte gefunden hatte. Es war wohl eines wie jene, die wir als Kinder aus der Schatzkiste des Zahnarztes als Belohnung für durchlittene Qualen nehmen durften.

„Wenn Bettina wieder ihren scheiss Löwenzahnsalat macht, kündige ich!"

Gemüse-Kartoffelsuppe

Lieblingsgericht meiner Enkelin Justine

Das Gemüse und die Kartoffeln in dünne Scheibchen schneiden. Schalotten und Lauch in Butter anschwitzen, das Gemüse und die Kartoffeln dazugeben und mit der Brühe auffüllen, würzen und etwa 20 Minuten kochen lassen. Die Sahne zugeben und mit dem Mixstab pürieren und abschmecken.

Röstbrot

4 Scheiben Graubrot, mit Butter bestrichen

Die Brotscheiben mit der gebutterten Seite nach unten in einer Pfanne braun backen, wenden und die andere Seite ebenfalls rösten.
Die Suppe in vorgewärmten tiefen Tellern anrichten, einen Löffel Sauerrahm in die Mitte geben und mit dem gerösteten Brot servieren.

Suppe

2 große Schalottenzwiebeln
2 Karotten
1 Stange Lauch
250 g Sellerieknolle
300 g mehlig kochende Kartoffeln
50 g Butter
1,25 l Geflügelbrühe
4 EL Sahne
Salz und Pfeffer
4 TL Sauerrahm

Justine

Schalotten und Lauch in Butter anschwitzen

das Gemüse dazugeben

mit Brühe auffüllen

124

Lachssteak mit Kartoffeltörtchen

Lieblingsgericht meines Schwiegersohnes Udo Weiler

Lachssteaks

4 Lachssteaks ohne Gräten à 80 g
30 g zerlassene Butter
Limonensaft
Salz, Piment d'Espelette

Die Lachssteaks mit Limonensaft beträufeln, mit Salz und Piment d'Espelette würzen, mit der flüssigen Butter einpinseln und in eine heiße Teflonpfanne legen. Ca. 4-6 Minuten in den auf 180° C geheizten Backofen stellen.

Kartoffeltörtchen

8 kleine Kartoffeln (Sorte la Ratte)
30 g frische Butter
1 geh. EL fein geschnittener Schnittlauch
Salz und Pfeffer aus der Mühle

Die Kartoffeln in der Schale 20 Minuten kochen, schälen und noch heiß mit einer Gabel zerdrücken, die Butter hinzufügen und am Schluss den geschnittenen Schnittlauch untermengen. Mit Salz und Pfeffer abschmecken. Die Kartoffelmasse in Metallringe von ca. 3-4 cm Durchmesser füllen, damit die Törtchen eine schöne Form bekommen.

Udo Weiler

die Zutaten vorbereiten   *die Kartoffeln heiß zerdrücken*   *die Masse in Metallringe füllen*

125

Dreierlei Gemüsepüree

Lieblingsgericht meiner Tochter Douce

Selleriepüree

200 g geschälte Sellerieknolle
250 ml Milch, 20 g Butter

Den Sellerie in Würfel schneiden und in der Milch langsam weich kochen, aus der Milch nehmen und in der Moulinette (Mixer) oder mit dem Zauberstab mit 20 g frischer Butter zu einem feinen Püree mixen. Warm stellen.

Karottenpüree

200 g geschälte Karotten
20 g Butter
½ Schalotte, feingehackt

Die Karotten in dünne Scheibchen schneiden, in 20 g Butter mit etwas fein gehackter Schalotte weich dünsten. In der Moulinette zu einem feinen Püree mixen. Warm stellen.

Erbsenpüree

200 g Erbsen, frisch oder tiefgekühlt
½ Schalotte, feingehackt
20 g Butter, 3-4 EL Hühnerbrühe
Salz, Pfeffer, Zucker und Piment d'Espelette

Etwas fein gehackte Schalottenzwiebel in 20 g Butter anschwitzen, die Erbsen dazu geben und die Hühnerbrühe angießen, mit Salz, Zucker und etwas Piment d'Espelette würzen, 3-4 Minuten kochen lassen und in der Moulinette kurz mixen, damit die Spelzen sich lösen. Durch ein feines Haarsieb streichen und nochmals ganz fein in der Moulinette mixen. Warm stellen.

Selleriechips

8 hauchdünne Scheiben Sellerieknolle
250 ml Erdnussöl zum Frittieren

Die Selleriescheiben im heißen Fett ausbacken, danach mit Salz würzen

Garnitur

4 junge Karotten
4 EL grüne Erbsen

Die Karotten in Wasser mit Salz und Zucker weich kochen, die Erbsen mit etwas Butter und Brühe weich dünsten und würzen.
Die warmen Pürees auf Teller anrichten, zu jedem Püree das passende Gemüse legen und servieren.

die Gemüse einzeln garen …   *…und pürieren*

Cordon Bleu vom Stubenküken mit Kohlrabistäbchen und Pommes Pont Neuf

Cordon Bleu

4 Brüstchen vom Stubenküken
4 Scheibchen gekochter Schinken
(Durchmesser ca. 5cm)
4 Stückchen Greyerzer Käse je ca. 10-15 g
Salz und Pfeffer, 50 g Butterschmalz
1 Ei, 1 EL Mehl, 4 geh. EL Semmelbrösel

In die Brüstchen mit einem scharfen Messer eine Tasche schneiden. Die Käsestückchen in den Schinken einwickeln und in die Tasche legen, zusammenklappen und festdrücken. Mit Salz und Pfeffer würzen, mit Mehl bestäuben und durch das mit dem Schneebesen aufgeschlagene Ei ziehen, dann mit Semmelbrösel panieren. In heißem Butterschmalz goldbraun backen.

Kohlrabistäbchen

2 mittelgroße Kohlrabi
500 ml kochendes Wasser, ½ EL Salz
20 g Butter

Die Kohlrabis schälen und in 1 cm dicke und 5 cm lange Stäbchen schneiden, in Salzwasser weich kochen und mit Butter anschwenken.

Pommes Pont Neuf

4 große, mehlig kochende Kartoffeln (Sorte Manon), 500 ml Erdnussöl, Salz

Die Kartoffeln schälen und in 1 cm dicke und 5 cm lange Stäbchen schneiden. In kaltem Wasser die Stärke auswaschen, mit einem Tuch oder mit Küchenpapier abtrocknen und im 160° C heißen Öl backen, ohne dass sie Farbe bekommen. Wenn sie weich sind, heraus nehmen. Das Erdnussöl auf 190° C erhitzen und die Pommes Pont Neuf goldgelb backen, abtropfen lassen und leicht salzen.

Rahmsauce

2 geputzte Champignons in feine Würfelchen geschnitten
½ Schalottenzwiebel, feingehackt
20 g Butter, 1 EL Kalbsjus
100 ml flüssige Sahne
2 EL Weißwein, etwas Zitronensaft

Die fein gehackten Schalotten und die Champignonwürfelchen in Butter anschwitzen, mit Weißwein ablöschen (keine Angst vor dem Alkohol, er verdampft), Kalbsjus dazugeben, etwas einkochen lassen und mit der Sahne auffüllen. Bis zu einer sämigen Konsistenz einkochen lassen, mit einem Spritzer Zitronensaft, Pfeffer und evtl. etwas Salz nachwürzen.
Die Kohlrabistäbchen abwechselnd mit den Pommes Pont Neuf auf den Teller legen, das Cordon bleu darauf geben, mit Rahmsauce umgießen. Servieren.

Eingemachtes Kalbfleisch mit Spätzle

Kalbfleisch

1 kg Kalbsschulter
1 l Gemüse-Bouillon
1 Zwiebel, gespickt
40 g Mehl, 50 g Butter
250 ml Weißwein (Gutedel trocken)
Zitrone, Salz, 1 Stange Lauch, Butter
1 große Karotte, 6 Frühlingszwiebeln
1 Scheibe Sellerieknolle, Lorbeerblätter

Die Kalbsschulter in ca. 30-40 g schwere Stücke schneiden und ca. 30 Minuten im kalten Wasser auswässern. Danach das Fleisch einmal in Wasser aufkochen, abgießen und abwaschen. So bleibt das Fleisch schön weiß. Die so vorbehandelten Stücke in die kochende Bouillon geben und langsam gar ziehen lassen – kurz unter dem Siedepunkt, damit das Fleisch saftig bleibt. Aus Mehl und Butter eine helle Mehlschwitze herstellen und mit ca. 500 ml der Kalbsbrühe auffüllen. Mit dem Schneebesen glatt rühren und mindestens 20 Minuten unter ständigem Rühren kochen lassen. Mit Weißwein, Zitronensaft und Salz abschmecken und über das Kalbfleisch passieren. Noch einmal gut durchkochen lassen und anrichten. In der Zwischenzeit wird das Gemüse vorbereitet. Den Lauch in ca. 1 cm dicke schräge Scheiben schneiden, würzen und in Butter dünsten. Die Karotte in Scheibchen schneiden und mit den Frühlingszwiebeln in Butter dünsten. Vom Sellerie Halbmonde ausstechen und in Wasser weich kochen. Das gedünstete Gemüse auf dem Fleisch anrichten, mit ein paar frischen Lorbeerblättern garnieren und mit dem Rest der Sauce überziehen.

Spätzle

4 gehäufte große EL Mehl
4 Eier
Salz, 1 EL Öl

Die Zutaten vermengen und den Teig schlagen, bis er glatt ist und Blasen wirft. Den Teig auf ein Spätzlebrett streichen und mit einer Palette die Spätzle ins kochende Wasser schaben. Aufkochen und sofort herausnehmen, kurz mit kaltem Wasser abschrecken und abtropfen lassen.

Schmelze

1 EL Butter
1 EL Semmelbrösel

Die abgetropften Spätzle in einer heißen Pfanne mit wenig Butter durchschwenken und mit Butter und Semmelbröseln schmelzen.

1. die Zutaten vorbereiten
2. das Kalbfleisch in Stücke schneiden
3. den Spätzleteig rühren

Risotto mit Parmesanchips und Tomatencoulis

Risotto

4 EL Carnoroli Risotto Reis
½ Knoblauchzehe
2-3 EL trockener Weißwein
250 ml Geflügelbrühe
1 EL geriebener Parmesankäse, Salz
40 g Butter

Reis mit 20 g Butter anschwitzen, mit Weißwein ablöschen, Knoblauch dazugeben und unter ständigem Rühren die Geflügelbrühe nach und nach einrühren. Nach ca. 15-20 Minuten ist der Reis weich. Restliche Butter und einen gehäuften EL geriebenen Parmesankäse einrühren, evtl. mit etwas Salz nachwürzen.

Parmesanchips

40 g geriebener Parmesan
1 EL Olivenöl
8 Stücke Backpapier, ca. 8 x 8 cm

Alle Backpapiere mit Öl besteichen. Auf vier Stücke je 10 g Parmesan dünn verteilen (ca. 5 cm Durchmesser). Die anderen Stücke auf die „Parmesankreise" legen. Einzeln in eine heiße Teflon-pfanne geben, mit einer Kasserolle beschweren und etwa 2 Minuten backen. Herausnehmen und das Backpapier vorsichtig abziehen.

Tomatencoulis

4 reife Sommertomaten (Sorte Coeur de Boeuf)
2 EL Olivenöl
1 Knoblauchzehe, ohne Keim in Scheibchen geschnitten
Salz, Pfeffer, Zucker, Piment d´Espelette
1 Blatt Salbei, 1 Zweiglein Thymian,
ein Zweiglein Rosmarin
20 g Butter

Tomaten vom Strunk befreien und 10 Sekunden in kochendes Wasser legen, heraus nehmen, in kaltem Wasser abkühlen und die Haut abziehen. Tomaten in der Mitte quer durchschneiden und die Kerne entfernen, in grobe Würfel schneiden. Öl in einer Kasserolle erhitzen, die Knoblauch-scheibchen darin leicht anrösten, die Tomaten und Gewürze sowie Kräuter dazugeben und lang-sam köcheln lassen, bis die Tomaten zerfallen. Die Kräuter herausnehmen und mit dem Stabmixer die Butter einmixen.

Reis zur geschmolzenen Butter geben

Gemüsebrühe nach und nach einrühren

Chip vorsichtig vom Papier nehmen

130

„Übers Knie Gezogene" mit Zwetschgenkompott

„Übers Knie Gezogene"

Im Fett schwimmend gebackene Süßspeise
500 g Mehl
20 g Hefe
90 g Butter
2 Eier
125 ml Milch
60 g Zucker
1 Prise Salz
1 L Erdnussöl zum Ausbacken
Puderzucker

Alle Zutaten miteinander vermengen und zu einem lockeren Teig verarbeiten. Den Teig in der Wärme um das Doppelte aufgehen lassen, dann in etwa 50 g große Stücke teilen und rund formen. Mit den Händen auseinander ziehen, damit sie außen einen dicken Rand bekommen. Die Mitte des Küchleins auf einer Serviette, die man über das Knie legt, ganz dünn ausziehen, in das auf 170° C bis 180° C erhitzte Erdnussöl geben und auf beiden Seiten goldbraun backen. Heraus nehmen, in Zimtzucker wälzen und mit Puderzucker bestäuben.

Zwetschgenkompott

500 g Zwetschgen
50 g Butter
2 EL Zucker
1 Prise Zimt
50 g geröstete Mandeln

Die Butter in einem flachen Topf erhitzen, die entsteinten Zwetschgen dazugeben, mit Zucker und einer Prise Zimt bestreuen und langsam zugedeckt dünsten.
Das Kompott in einem tiefen Teller anrichten und mit den gerösteten Mandeln bestreuen. Mit den „Übers Knie Gezogenen" servieren.

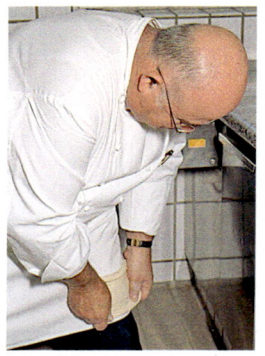

„Übers Knie ziehen"

den Teig in Portionen aufteilen

die Stücke rund formen

im Fett schwimmend ausbacken

dabei die „Gezogenen" mit Fett begießen

132

Grießbrei mit karamellisierten Apfelspalten

Grießbrei

500 ml Milch, 80 g Zucker
60 g Grieß, 1 Eigelb
10 g Butter , 1 Prise Salz
Zimtzucker

Milch, Zucker, Butter und eine Prise Salz zusammen zum Kochen bringen. Den Grieß einrieseln lassen und ca. 6-8 Minuten unter ständigem Rühren zu einem lockeren Brei kochen. Zum Schluss das Eigelb einrühren, ohne den Brei nochmals kochen zu lassen.

Karamellisierte Apfelspalten

2 Äpfel (Runiette, Cox Orange oder Delicius)
60 g Zucker
2 EL Wasser
20 g Butter

Den Zucker in eine flache Kasserolle geben und schmelzen lassen. Wenn er braun ist mit dem Wasser ablöschen (Vorsicht, es spritzt und zischt und dampft!), etwas einkochen lassen und die vorbereiteten Apfelspalten mit der Butter dazugeben. Zugedeckt langsam weich kochen, dabei dürfen die Äpfel nicht zerfallen.

Den Grießbrei auf einem warmen Teller anrichten, mit Zimtzucker bestreuen, mit den Apfelspalten umlegen und servieren.

Douce Steiner

*den Grieß in heiße die
Milch rühren*

*und zu einem lockeren
Brei kochen*

*die Äpfel im Karamell
weich kochen*

Rosa Wolke

Meringues

100 g Eiweiß
l00 g Zucker
100 g Puderzucker
1 Prise Salz

Eiweiß mit einer Prise Salz aufschlagen.
Zucker nach und nach dazugeben. Zum
Schluss den Puderzucker unterheben. Die
fertige Masse in einen Spritzsack mit Loch-
tülle füllen und auf ein mit Backpapier aus-
gelegtes Backblech kleine Meringues spritzen. Den Backofen auf 150°C vorheizen,
Meringues einschieben und bei abfallen-
der Hitze ca. 45-60 Minuten langsam austrock-
nen lassen.

Himbeersahne

150 ml steif geschlagene Sahne
150 g frische zerdrückte Himbeeren

80 g Meringues in kleine Stücke brechen
Die Sahne, die zerdrückten Himbeeren und
die Meringues - Stückchen vorsichtig vermengen.

Himbeersorbet

250 ml Himbeermark
Saft einer halben Zitrone

Die Zutaten im Mixer homogen mixen und
in einer Sorbetiere frieren.
Einen großen Löffel Himbeersahne auf den
Teller geben, mit kleinen Meringues ver-
zieren und mit einem Löffel Himbeersor-
bet garnieren.

die Himbeersahne vermen-
gen und gleich anrichten

Hans Stefan Steinheuer

„Steinheuers Restaurant", Bad Neuenahr-Ahrweiler

„In Sachen Esskultur können die Franzosen unser Vorbild sein. Dort werden Kinder schon in der Schule an das gute Essen herangeführt. Es gibt mittags immer kleine Menüs, etwas Suppe vorher, den Hauptgang, ein Dessert und etwas Käse danach. Ältere Jugendliche kosten durchaus einen guten Rotwein dazu. Das Menü hat in Frankreich eine große Tradition. Selbst wenn der Familie das Geld für einen Restaurantbesuch fehlt, gibt es meist einen Onkel, der die Kinder ins Lokal einlädt, der ihnen zeigt wie alles abläuft, wie man isst und wie man sich benimmt. Essen hat in Frankreich einen hohen gesellschaftlichen Stellenwert. Das fehlt in Deutschland noch weitgehend." Mit Freude erzählt Stefan Steinheuer, dass in dieser Hinsicht langsam etwas in Bewegung kommt. „Die Gastronomie wie auch die Gäste werden aufgeschlossener. Vorbei sind die Zeiten, als das Servicepersonal noch verklemmt und unbeholfen mit weniger routinierten Feinschmeckern umging. Viele Hemmschwellen wurden abgebaut, es herrscht mittlerweile ein legerer Ton. Die Zeit der weißen Handschuhe ist endgültig vorbei." Dennoch sieht er in den Grundregeln guten Benehmens einen wichtigen Aspekt der Allgemeinbildung. „Caroline, unsere siebzehnjährige Tochter, lebte zehn Monate in den USA und war erschüttert, dass amerikanische Kinder und Jugendliche praktisch nicht mit Messer und Gabel essen können. Sie selbst wurde ob dieser Fähigkeiten von den Teens allerdings sehr bewundert!"

Ein Thema, mit dem sich auch Professor Hirschfelder in seinem Buch über Esskultur von der Steinzeit bis heute auseinandersetzt. „Der zentrale Punkt ist der Tisch", zitiert Stefan Steinheuer aus dem Buch. „Die Sozialisierung des Menschen fing damit an, dass man an einem Tisch zusammenkam und gemeinsam gegessen hat. Die nächste Entwicklungsstufe war, mit Werkzeug, also Messer und Gabel, essen zu lernen. Nun leben wir offensichtlich in einer Epoche, in der eine ganze Generation wieder mit den Fingern isst. Jede Art von Fastfood ist auch Fingerfood. Bewegen wir uns ernährungstechnisch gesehen also wieder in Richtung Steinzeit?" Es ist ein interessanter Ansatz, findet der engagierte Sternekoch, der genau beobachtet, analysiert und sich viele Gedanken zum Essen und Trinken macht.

Den eigenen Kindern ließ man zur persönlichen Entwicklung viel Zeit, auch was die Ernährung anging. „Unser Sohn Benni aß lange am liebsten alles roh und pur, Fleisch, Gemüse und Salat. Erst jetzt mit 15 Jahren wurde er diesbezüglich ‚komplett' und isst auch gerne Gekochtes." Dass seine Kinder durchaus wissen, was sie wollen, belegt Stefan Steinheuer auch mit dieser Begebenheit: „Kürzlich war anlässlich des G7-Gipfels Joschka Fischer mit Madeleine Albright hier zum Essen angekündigt. Die Straße wurde abgesperrt, zehn Schützenpanzer bezogen Stellung, Sicherheitsbeamte patrouillierten vor dem Lokal, Fernsehteams standen bereit. Da bekamen unsere Kinder plötzlich Lust auf Pizza und bestellten den Pizza-Service, der kurz darauf vor dem Restaurant vorfuhr! Sie merken, die Kinder sehen das alles sehr entspannt."

„Du machst aus jedem Braten eine Feuerbestattung!"

Bunne dünn – Rheinische Bohnensuppe

Lieblingsgericht meiner Tochter Désirée

Suppe

400 g breite Stangenbohnen, schräg geschnitten, ca. 0,5 cm dick
200 g Kartoffelwürfel, ca. 1 cm groß
100 g Zwiebelwürfel
300 ml Sahne
500 ml Rinderbrühe
50 g Butter
2 Lorbeerblätter
Bohnenkraut, Thymian
Salz, frisch gemahlener Pfeffer
100 ml saure Sahne oder Crème frâiche
100 g Bacon (durchwachsener, geräucherter Speck), in Streifen geschnitten

Zwiebeln in Butter anschwitzen, geschnittene Bohnen dazugeben. Mit Sahne und Brühe aufkochen. Die Kartoffelwürfel blanchieren und beim Aufkochen der Suppe dazugeben, ebenso die Kräuter. Die Suppe kocht etwa 15 Minuten, bis die Bohnen und Kartoffeln gar sind. Zuletzt die saure Sahne zugeben, mit Salz und Pfeffer abschmecken und die Kräuter herausnehmen. Die Baconstreifen in der Pfanne knusprig ausbraten.
Suppe im tiefen Teller servieren, knusprige Speckstreifen obenauf legen.

die Bohnen schräg schneiden

zu den angeschwitzten Zwiebeln geben

Rinderbrühe zugießen

Sahne und Kräuter zugeben

Chateaubriand mit Sauce Béarnaise und Kartoffelchips

Chateaubriand

2 Rinderfilets à 400 g
Salz, Pfeffer, Öl

Die Rinderfilets in 4 Scheiben schneiden, plattieren, salzen und pfeffern und rundum in heißem Öl anbraten. Im Ofen auf einem Blech bei 160° C Umluft je nach Wunsch medium oder saignant braten.

Kartoffelchips

300 g Kartoffeln (Cilena, Bintje)

Die Kartoffeln schälen und längs in feine Scheiben schneiden. In 160° C heißem Fett blanchieren, ohne dass sie Farbe nehmen. Herausnehmen und nach 5 Minuten gold-gelb frittieren. Abtropfen lassen und salzen.
Das Chateaubriand tranchieren, Sauce Béarnaise und Kartoffelchips zugeben.

Sauce Béarnaise

100 ml Weißwein
Estragon-, Kerbel-, Petersilienstiele
5 Pfefferkörner, 1 Lorbeerblatt
4 Eigelb, 250 g Butter
5 g Kerbel , 5 g Estragon , 5 g Petersilie
Salz, Cayennepfeffer
200 ml reduzierte Kalbsjus
1 Spritzer Zitronensaft

Weißwein mit Kräuterstielen, Pfeffer und Lorbeer aufkochen, zur Hälfte reduzieren, absieben, zu den Eigelben geben und in einem Topf oder einer Schüssel auf dem heißen Wasserbad aufschlagen. Die Butter klären, abkühlen lassen und unter die Masse rühren. Mit fein gehackten Kräutern, den Gewürzen, der Kalbsjus und dem Zitronensaft abschmecken.

Rinderfilets rundum anbraten

die Kartoffelscheiben blanchieren

die flüssige Butter unterrühren

mit Kräutern abschmecken

Döppcheskoche mit Speck

Lieblingsgericht meines Sohnes Benedikt

Döppcheskoche

1,5 kg Kartoffeln (Linda, Sieglinde, Cilena)
100 g Zwiebel
100 ml Pflanzenöl
3 Vollei
1 EL Haferflocken
Muskatnuss
200 g Speck (am besten Bacon)
6 Mettwürstchen

Die rohen Kartoffeln schälen und fein reiben, die Zwiebeln in Würfel schneiden und in einem gusseisernen Topf im Pflanzenöl glacieren. Die Kartoffeln mit den Haferflocken mischen. Die Masse mit etwas Salz, weißem Pfeffer und geriebener Muskatnuss abschmecken und ebenfalls in den Topf geben. Den Bacon in feine Streifen von ca. 3 cm Länge und die Mettwürstchen in Scheiben schneiden. Zusammen in der Pfanne kurz anbraten, dann untermischen. Alles mit dem Deckel verschließen und im Ofen bei ca. 180° C 2 Stunden garen. Die Masse sollte sich vom Topf lösen, sonst an den Rändern etwas Öl nachgießen. Wenn möglich, auf eine Platte stürzen.
Dazu reicht man Apfelmus.

die fein geriebenen Kartoffeln mit den Zutaten mischen

Bacon und Mettwürstchen kurz anbraten…

…und untermischen

Mamas Tomaten-Makkaroni

Makkaroni

150 g Makkaroni
3 vollreife Tomaten
1 Msp Paprikapulver
Salz, Pfeffer
50 g Butter
50 g Bacon
50 g Zwiebelwürfel

Die Makkaroni al dente kochen und abschrecken. In einer Pfanne den in Würfel geschnittenen Bacon und die Zwiebelwürfel in Butter anbraten. Die Tomaten ebenfalls in Würfel schneiden und mit den Makkaroni zugeben. Zusammen weiter braten. Mit Salz und Pfeffer abschmecken, servieren.
Dazu passen auch natur gebratene Kalbsschnitzel.

Makkaroni al dente kochen

Zwiebel- und Bacon- würfel anbraten

Tomaten würfeln

Makkaroni al dente kochen

das fertige Gericht servieren

143

Geschmelzte Dampfnudeln auf Kartoffeln

Lieblingsgericht meiner Frau Gabriele

Dampfnudeln

500 g Mehl, 30 g Hefe
400 ml Milch, 20 g Zucker, 80 g Butter
1 Prise Salz, 500 g Kartoffeln
400 ml Rinderkraftbrühe
3 Lorbeerblätter, Salz
weißer Pfeffer aus der Mühle
100 g Butter, 50 g Semmelbrösel

Hefe in lauwarmer Milch mit Zucker auflösen, Mehl zugeben und 30 Minuten gehen lassen. Salz und flüssige Butter zugeben, alles verkneten, zu Knödeln abdrehen und gehen lassen. Die Kartoffeln schälen und in Scheiben schneiden, in einen breiten Topf geben, Rinderkraftbrühe und Lorbeer zugeben, mit Salz und weißem Pfeffer aus der Mühle abschmecken. Die Knödel obenauf legen, mit einem Deckel abdecken, aufkochen und bei mittlerer Hitze im Ofen bei 170° C 20 Minuten weitergaren. Butter erhitzen, mit Semmelbrösel verrühren. Wenn die Kartoffeln gar sind, sind die Dampfnudeln aufgegangen. Dann die Butter-Semmelbrösel auf den Knödeln verteilen.
Die Dampfnudeln werden zusammen mit den in der Brühe gegarten Kartoffeln gegessen.

die Dampfnudeln auf die Kartoffeln setzen

gleich den Topf zudecken

Semmelbrösel mit Butter schmelzen

die Butter-Semmelbrösel auf die Knödel geben

144

Blaubeerpfannkuchen

Lieblingsgericht meiner Tochter Caroline

Pfannkuchen

3 Eigelb
½ Tasse Milch
½ Tasse Mehl
3 Eiklar
1 Vanillezucker
250 g Blaubeeren

Eigelb mit Milch und Mehl verrühren. Eiklar mit Vanillezucker und Salz zu Eischnee schlagen, unter die Eigelbmasse ziehen. Zum Schluss die Blaubeeren unterheben. In heißem Fett in der Pfanne zu Küchlein von ca. 10 cm Durchmesser ausbacken.

Vanillesauce

100 ml Milch
100 ml Sahne
1 Vanilleschote
25 g Zucker
2 Eigelb

Milch und Sahne mit dem Mark der Vanilleschote und Zucker aufkochen, mit dem Eigelb verrühren, aufschlagen, zur Rose abziehen und kalt rühren. (Zur Rose ziehen: Die fertige Sauce verläuft auf einem Löffel durch Pusten so, dass sie ähnlich aussieht wie Rosenblätter.)

Eigelb, Milch und Mehl verrühren

steif geschlagene Eiweiße unterziehen

die Küchlein ausbacken

146

Harald Wohlfahrt

Restaurant „Schwarzwaldstube", Baiersbronn

„Wir wollen Kinderwünsche erfüllen." antwortet Harald Wohlfahrt auf die Frage, ob in der 'Schwarzwaldstube' ein Kinderteller angeboten wird. „Es spricht überhaupt nichts dagegen, Kindern eine Crêpe mit Apfelmus zu machen. Wir kochen allerdings auch schon mal einen Hummer speziell für unsere kleinen Gäste. Das sind aber eher die Extreme. Im Normalfall spiegeln sich in den Vorlieben der Kinder die Essgewohnheiten der Eltern." Deshalb sei es sicher auch kein Zufall, dass hier in der 'Schwarzwaldstube', einem der renommiertesten Feinschmeckerlokale Deutschlands, meist das klassische Kindergericht 'Rahmschnitzel mit Spätzle' geordert wird.

„Essen sollte Spaß machen, denn über eine gute und gesunde Ernährung wird ein hoher Zufriedenheitsgrad für Körper, Geist und Seele erzeugt. Kinder sollten essen, wenn sie Hunger haben und auf keinen Fall zu großen Portionen gezwungen werden. Eltern müssen ihre Kinder beobachten. Es ist wichtig zu wissen, wo sie welche Nahrungsmittel zu sich nehmen. Vorsicht ist bei Süßigkeiten geboten. Bei der gesamten Ernährung ist nicht allein die verzehrte Menge entscheidend, sondern die Effektivität der Verwertung. Durch Bewegung und Sport gleichen viele Kinder problemlos auch große Kalorienmengen aus. Erkennen Eltern eine Gewichtszunahme, müssen sie jedoch schnellstens regulierend eingreifen." Für Harald Wohlfahrt gehört Essen und Trinken zur kulturellen Allgemeinbildung. Deshalb plädiert er engagiert für ein Schulfach

Ernährungslehre, das Schülern den Umgang mit Nahrungsmitteln ganz selbstverständlich vermittelt. Es sei eine Frage der Erziehung, ob Kinder neugierig im positiven Sinn werden und sich auf neue Geschmackserfahrungen einlassen, oder ob sie kritiklos den schnellen, bequemen, aber auch reizlosen, meist ungesunden Weg zur Imbissbude nebenan wählen. „Oft liegt es am schlechten Vorbild der Eltern," meint Wohlfahrt. „Man muss darauf achten, dass sich Kinder körperlich gesund entwickeln können. Genauso wie man Kindern Alkoholkonsum oder das Rauchen verbietet, sollte man sie vor schlechter Ernährung schützen."

Dabei kann sich ein exemplarischer, wenn auch ungeplanter Besuch eines Fastfood-Restaurants sehr nützlich auf eine eigene Urteilsbildung auswirken. „Das war überhaupt nicht gut!" urteilten die Kinder des Spitzenkoches nach ihrem ersten Fastfoodmenü. Der bekannte Werbeslogan behauptet indes genau das Gegenteil. Was war passiert? Das Haus der Wohlfahrths glich wegen eines Umbaus einer Baustelle, draußen entlud sich ein heftiges Sommergewitter, Garten und Terrasse waren überspült, als ein Wasserrohrbruch die häusliche Küche während der Kinder-Geburtstagsfeier überflutete. In der Not ist der Familie das Restaurant mit dem gelben 'M' eingefallen! Über zehn Jahre liegt das nun schon zurück, aber nie mehr kam bei den Kindern der Wunsch nach weiteren derartigen Restaurantbesuchen auf.

Überraschungsmenü

Grüne Stangenspargel in Gemüse-Vinaigrette mit Wachteleiern und Kerbel

Spargel

1 kg heimischer grüner Spargel
Butter zum Dämpfen
je 1 Prise Salz und Zucker

Etwas Butter in einen gut schließenden Topf geben. Den Spargel zugeben und mit wenig Salz und einer Prise Zucker würzen und zugedeckt bei milder Hitze in der Butter ca. 10 Minuten gar dünsten.

Vinaigrette

4 hart gekochte Eier
20 ml Champagneressig
60 ml Traubenkernöl
1 geh. EL fein gehackten Kerbel
50 g fein gewürfelte Karotten
50 g fein gewürfelter Lauch
50 g fein gewürfelte Sellerie
1 fein gewürfelte Schalotte
Salz, Pfeffer aus der Mühle

Die Eier mit Hilfe eines Eierschneiders fein würfeln. Sämtliche Zutaten für die Vinaigrette in einer Schüssel vermengen und mit Salz und Pfeffer abschmecken.

Garnitur

8 Wachteleier
16 Kerbelzweige

Die Wachteleier in kochendes Wasser geben und 2,5 Minuten kochen. In Eiswasser rasch abkühlen, danach schälen und halbieren.
Je sechs Stangen gekochten Spargel auf der Tellermitte anrichten, je 4 halbe Wachteleier dazugeben und mit der Gemüse-Vinaigrette übergießen. Mit Kerbelzweigen garnieren und servieren.

den Spargel vorbereiten

die Anschnitte entfernen

ca. 10 Minuten garen

Gnocchetti mit geschwenkten Scampi und Thaicurrysauce

Zutaten

12 Scampi
200 g Gnocchetti Santi
Salz
je 2 rote und grüne Peperoni
10 Stangen Zitronengras
1 kleine Fenchelknolle
6 Schalotten
4 Champignonköpfe
1 Stange Lauch, nur das Weiße
1 geh. EL gehackter frischer Ingwer
2 EL Olivenöl
Salz, Cayennepfeffer
½ EL Currypulver (Madras)
100 ml Weißwein
5 EL Noilly Prat (französischer Wermut)
100 ml Geflügelfond
40 g ungesüßtes Kokosmark
1 EL gehackter Ingwer und 2 EL Sirup aus dem Glas
30 g Butter
50 ml Sahne
grüne Thaicurrypaste
4 schöne Korianderblätter

Die Scampi ausbrechen, jedoch die Schwanzflossen dranlassen, die Schalen aufbewahren. Gnocchetti in Salzwasser kochen und abschrecken. Peperoni in feine Würfel schneiden. Für den Fond das Zitronengras und das Gemüse grob zerteilen und in einem Topf mit etwas Olivenöl andünsten. Garnelenschalen zugeben und mitdünsten und mit dem Currypulver bestäuben. Mit Weißwein und Noilly Prat ablöschen und mit dem Geflügelfond auffüllen. Aufkochen und 20 Minuten ziehen lassen. Durch ein Sieb geben und auf ⅓ der Flüssigkeit einkochen. Kokosmark, gehackten Ingwer und Sirup aus dem Glas dazugeben. Mit Butter und Sahne aufmixen. Mit Salz, Cayennepfeffer und Thaicurry abschmecken. Gnocchetti in etwas Geflügelfond und Butter wärmen, nebenbei die Garnelen in einer heißen Pfanne mit Olivenöl rundum braten.

Gnocchetti in der Pfanne schwenken

Scampi in Olivenöl anbraten

Gewürze und Kräuter zugeben

Kompott von geschmorten Kalbsbäckchen mit gratiniertem Kartoffelpüree

1. die jungen Möhren schälen
2. Gemüse in Butter aufschäumen
3. die Pfifferlinge zugeben
4. das Püree über die Kalbsbäckchen geben

Kalbsbäckchen

6 Stück von Fett und Sehnen befreite Kalbs-
bäckchen
Salz und Pfeffer aus der Mühle
je 100 g Karottenwürfel und Staudensellerie-
würfel
1 kleine Lauchstange gewürfelt
1 Thymianzweig, 1 Lorbeerblatt
50 ml Pflanzenöl
200 g Schalotten
1 EL Tomatenmark
2 Knoblauchzehen
je 5 weiße und schwarze Pfefferkörner
2 l heller Kalbsfond

Kalbsbäckchen mit Salz und Pfeffer würzen.
Karotten, Lauch, Staudensellerie und Schalotten schälen und grob würfeln. Öl in einem
Bräter erhitzen. Kalbsbäckchen von allen Seiten kurz anbraten, Öl abgießen, Gemüsewür-
fel und Gewürze hinzufügen, im Ofen bei
200° C 10 Minuten andünsten. Öfters umrühren. Tomatenmark hinzufügen und 10 Minuten
anrösten. Mit dem Kalbsfond auffüllen, zugedeckt ca. 1,5 Stunden schmoren. Kalbsbäckchen
ausstechen und beiseite stellen. Sauce durch ein
Sieb gießen. Nochmals aufkochen, entfetten,
mit Salz und Pfeffer nachwürzen. Die Kalbsbäckchen in feine Würfel schneiden und in einen
kleinen Römertopf füllen. Soviel Sauce aufgießen, bis alles gut bedeckt ist.

Kartoffelpüree

250 ml Milch, 250 ml Sahne
300 g geschälte Kartoffeln
120 g Butter
Salz und Pfeffer aus der Mühle, Muskatnuss
1 Eigelb, 40 ml flüssige Sahne

Milch und Sahne mit klein gewürfelten Kartoffeln
zum Kochen bringen. So lange köcheln, bis die
Kartoffeln gar und die Flüssigkeit fast gänzlich ein-
gekocht ist. Kartoffeln mit dem Stabmixer fein pürieren, durch ein Haarsieb passieren. Butter unterziehen, mit Salz, Pfeffer und Muskat abschmecken.
Das Püree über die Kalbsbäckchen ca. 2 cm dick
einfüllen und im 180° C heißen Backofen ca. 30
Minuten erhitzen. Zum Schluss flüssige Sahne
und Eigelb vermengen, auf dem Kartoffelpüree
verteilen und unter dem heißen Grill goldbraun
gratinieren.

Garnitur

16 mittelgroße Pfifferlinge, geputzt
12 Fingermöhren, geschält
200 g geschälte Erbsen
20 g Butter, 1 Prise Zucker
Salz und Pfeffer aus der Mühle
1 EL Kerbel, fein geschnittenen

Butter aufschäumen, zuerst die Karotten, dann Erbsen und Pfifferlinge hinzufügen. Unter Schwenken ca. 4 Minuten andünsten. Mit Salz und Pfeffer würzen. Zum Schluss den fein geschnittenen
Kerbel untermengen.
Gemüse und Pfifferlinge auf kleinen Beilagentel-
lern anrichten und zusammen mit den gratinier-
ten Kalbsbäckchen servieren.

Topfenknödel gefüllt mit Schokoladensauce und Beeren in Erdbeercoulis

Schokoladenfüllung

70 g Bitterschokolade Kuvertüre
110 ml Sahne

Die lauwarme Sahne auf die zerlassene Kuvertüre gießen, glatt rühren und bis zum Festwerden abkühlen lassen. 1/3 der Sauce zum Anrichten im Wasserbad bewahren. Mit der restliche Schokocreme etwa 15 g schwere Kugeln auf Backpapier spritzen und einfrieren.

Topfenknödel

250 g Quark
1 Vollei (50 g)
Abrieb einer halben Zitrone
25 g Zucker, 15 g zerlassene Butter
50 g Toastbrotbrösel (weiß)

Den Quark in ein Tuch geben und eine Nacht in einem Sieb abtropfen lassen. Den Quark mit Ei, Zitronenabrieb, zerlassener Butter und Brösel mischen. Teig 1 Stunde kaltstellen. Pro Knödel etwa 30 g Topfenmasse abwiegen, eine gefrorene Kugel Schokoladensauce in die Mitte einsetzen und formen. Die Schokotopfenknödel in kochendes Wasser legen und ca. 3 Minuten ziehen lassen. Knödel abtropfen lassen, warm stellen.

Marinierte Beeren in Erdbeercoulis

250 g Erdbeeren
Saft von 1 Orange, 75 g Zucker
20 g Julienne von kandierter Orangenschale
10 ml Grand Marnier
je 100 g Erdbeerwürfel und Himbeeren
je 50 g Brombeeren, Walderdbeeren, Heidelbeeren

Erdbeeren, Orangensaft und Zucker im Mixer pürieren und durch ein Sieb streichen. Die Erdbeersauce leicht aufwärmen, Julienne und Grand Marnier mit der Sauce verrühren und kaltstellen. Die Beerenmischung unter die Erdbeersauce rühren.

Apfelchips

1 Apfel Granny Smith
Puderzucker, Grenadine

Apfel in feine Scheiben schneiden, die Hälfte in Grenadine marinieren, die andere Hälfte auf Backpapier legen und leicht mit Puderzucker bestreuen. Die eingelegten Scheiben abtropfen lassen und auch auf das Backpapier legen. Die Apfelscheiben im Ofen ca. 2 Stunden bei 90° C trocknen lassen.

die Zutaten bereitstellen

die Quarkmasse gut mischen

die gekochten Knödel abtropfen lassen

auf dem Teller anrichten

Adressen

Henri Bach
Restaurant Résidence
45219 Essen-Kettwig
Auf der Forst 1
Tel. 02054/95590
www.hotel-residence.de

Jean-Claude Bourgueil
Restaurant „Im Schiffchen"
40489 Düsseldorf
Kaiserswerther Markt 9
Tel. 0211/401050
www.im-schiffchen.com

Lothar Eiermann
Wald & Schloßhotel Friedrichsruhe
74639 Zweiflingen/Friedrichsruhe
Tel. 07941/60870
www.friedrichsruhe.de

Hans Haas
Restaurant Tantris
80805 München
Johann-Fichte-Straße 7
Tel. 089/36195912
www.tantris.de

Johann Lafer
Le Val d'Or
55442 Stromberg
Schlossberg 1
Tel. 06724/93100
www.johannlafer.de

Dieter Müller
Restaurant Dieter Müller
im Schlosshotel Lerbach
51465 Bergisch Gladbach
Lerbacher Weg
Tel. 02202/2040
www.schlosshotel-lerbach.com

Jörg Müller
Restaurant Jörg Müller
25980 Westerland/Sylt
Süderstraße 8
Tel. 04651/27788
www.hotel-joerg-mueller.de

Christian Rach
Tafelhaus
22763 Hamburg
Neumühlen 17
Tel. 040/892760
www.tafelhaus.de

Fritz Schilling
Restaurant Käfer-Schänke
81675 München Bogenhausen
Prinzregentenstraße 73
Tel. 089/4168247
www.feinkost-kaefer.de

Hans-Paul Steiner
Restaurant Hirschen
79295 Sulzburg
Hauptstraße 69
Tel. 07634/8208
www.hirschen-sulzburg.de

Hans Stefan Steinheuer
Steinheuers Restaurant
53474 Bad Neuenahr/Heppingen
Landskroner Straße 110
Tel. 02641/94860
www.steinheuers.de

Harald Wohlfahrt
Restaurant Schwarzwaldstube
im Hotel Traube Tonbach
72270 Baiersbronn
Tonbachstraße 237
Tel. 07442/4920
www.traube-tonbach.de

Impressum

© 2005 edition-kaeflein.de – Freiburg
www.edition-kaeflein.de
info@edition-kaeflein.de

Konzept, Photographie und Text:
Achim Käflein
www.kaeflein-photodesign.de – Freiburg
Illustrationen:
Gerhard Glück – Kassel
Gesamtgestaltung:
Jan Neuffer
www.neufferdesign.de – Berlin
Redaktion:
Annette Trefzer-Käflein – Freiburg
Druck:
Egedsa – Sabadell, Barcelona

Printed in Spain 2005
ISBN 3-9810093-0-4

Danksagung

Unser besonderer Dank gilt den Kochkünstlern und ihren Mitarbeitern, die engagiert und großzügig viele Stunden ihrer knappen, kostbaren Freizeit in dieses Buchprojekt investiert haben.

Karin Wolf, Eberhard Mast, Christoph Schwalb und Jürgen Kaufhold danken wir für die wertvolle Mithilfe.

Über die guten Tipps von Beate Ehrhardt, Jürgen Mann und Gerd Hexelschneider haben wir uns sehr gefreut.

Die nächsten Buchprojekte der

edition-kaeflein.de

Ireland. Ein sensibles künstlerisches Portrait einer einzigartigen Insel. Anspruchsvolle schwarzweiß Photographie, kombiniert mit Zitaten irischer Schriftsteller und Texten junger irischer Autoren. Duplex Kunstdruck, Großformat 29x30 cm, 148 Seiten

Ein Bildband für Genießer. Mit zahlreichen klassisch regionalen Rezepten, interessanten Adressen und nützlichen Tipps. Format 15 x 22 cm ca. 160 S.